中国退役军人

讲好中国退役军人故事的

创新与实践

JIANGHAO ZHONGGUO TUIYIJUNREN GUSHI DE
CHUANGXIN YU SHIJIAN

退役军人事务部宣传中心◎主编

人民日报出版社

北京

图书在版编目（CIP）数据

讲好中国退役军人故事的创新与实践 / 退役军人事
务部宣传中心主编. —北京：人民日报出版社，2024.2
ISBN 978-7-5115-8218-8

Ⅰ.①讲… Ⅱ.①退… Ⅲ.①退役—军人—先进事迹
—中国 Ⅳ.①K825.2

中国国家版本馆CIP数据核字（2024）第036462号

书　　名：	讲好中国退役军人故事的创新与实践
	JIANGHAO ZHONGGUO TUIYIJUNREN GUSHI DE
	CHUANGXIN YU SHIJIAN
主　　编：	退役军人事务部宣传中心
出 版 人：	刘华新
特约策划：	倪光辉
责任编辑：	梁雪云
特约编辑：	赵晨冉
封面设计：	主语设计

出版发行：	人民日报出版社
社　　址：	北京金台西路2号
邮政编码：	100733
发行热线：	（010）65369527　65369846　65369509　65369512
邮购热线：	（010）65369530
编辑热线：	（010）65369526
网　　址：	www.peopledailypress.com
经　　销：	新华书店
印　　刷：	炫彩（天津）印刷有限责任公司
法律顾问：	北京科宇律师事务所010-83632312

开　　本：	710mm×1000mm　1/16
字　　数：	225千字
印　　张：	17
版次印次：	2024年6月第1版　2024年6月第1次印刷

书　　号：	ISBN 978-7-5115-8218-8
定　　价：	58.00元

提升感染力　增强传播力
推动退役军人宣传工作高质量发展

退役军人事务部党组书记、部长　裴金佳

　　宣传思想文化工作事关党的前途命运，事关国家长治久安，事关民族凝聚力和向心力，是一项极端重要的工作。党的十八大以来，以习近平同志为核心的党中央从全局和战略高度，对宣传思想文化工作作出系统谋划和部署，推动新时代宣传思想文化事业取得历史性成就，意识形态领域形势发生全局性、根本性转变，全党全国各族人民文化自信明显增强、精神面貌更加奋发昂扬。习近平总书记围绕新时代文化建设提出"九个坚持""十四个强调""七个着力"等一系列新思想新观点新论断，丰富和发展了马克思主义文化理论，构成了习近平新时代中国特色社会主义思想的文化篇，形成了习近平文化思想，为做好新时代新征程宣传思想文化工作、担负起新的文化使命提供了强大思想武器和科学行动指南。

　　退役军人工作事关党的执政基础稳定、事关国防和军队建设、事关改革发展稳定全局，退役军人宣传工作是党的宣传思想文化工作的重要组成部分。做好新时代新征程退役军人宣传工作，将广大退役军人紧紧凝聚在党的旗帜下，对于更好担负起新的文化使命，汇聚形成为强国建设、民族复兴伟业而团结奋斗的磅礴伟力，具有十分重要而深远的意义。

　　做好退役军人宣传工作，是着力推进中国式现代化的必然要求。习近平总书记指出，世界百年未有之大变局加速演进，中华民族伟大复兴进入关键时期，战略机遇和风险挑战并存，宣传思想文化工作面临新形势新任务，必须要有新气象新作为。这是对我们强有力的号召和动员。聚焦全面建设社会主义现代化国家、全面推进中华民族伟大复兴的宏伟目标和艰巨任务，退役军人宣传工作必须围绕中心、服务大局，着眼推进中国式现代化这个最大的政治，坚持用习近平新时代中国特色社会主义思想凝心铸魂，深入宣传党中央关于退役军人工作的重大决策部署，广泛传递党中央对广大退役军人的关心关爱，做到与党、国家和军队全局工作同频共振，确保党的政策主张及时有力贯彻，为构建刚健的主流思想文化，建设具有强大凝聚力和引领力的社会主义意识形态贡献强大力量。

做好退役军人宣传工作，是推动退役军人工作高质量发展的必然要求。党的二十大提出，高质量发展是全面建设社会主义现代化国家的首要任务。退役军人事务系统组建以来，聚焦首要任务，各项工作在不断探索中奠基启新、改进提高。2021年2月7日，退役军人事务部推动成立宣传中心，为新时代退役军人工作高质量发展提供了更广泛、更深厚的力量支撑。做好正面宣传，精心记录退役军人工作发展过程中的关键节点、重要事件，彰显退役军人工作在新时代焕发的新生机。做好成就宣传，深入报道各地退役军人工作在"逢山开路、遇水架桥"中探索出的改革成就、宝贵经验，激励干部群众满怀信心投身现代化建设的伟大实践。加强阵地建设，优化媒体融合发展布局，打造"中国退役军人""一网两刊三微多平台"全媒体传播矩阵，构建退役军人工作"大宣传"格局，塑造主流舆论场上的退役军人工作宣传话语体系，画好网上网下同心圆，唱响主旋律、弘扬正能量。

做好退役军人宣传工作，是激发退役军人人力人才资源优势的必然要求。我国现有退役军人3800多万，他们有聪明热情，有奋斗才智，是党和国家的宝贵财富，是建设中国特色社会主义的重要力量。凝聚退役军人共识、提振退役军人信心、增强退役军人干劲、激发退役军人斗志，是退役军人宣传工作的重要使命。通过宣传阐释工作，为退役军人答疑解惑，解开"思想疙瘩"，增强他们对党和国家政策的"信心"。通过反映退役军人的愿望诉求，帮助维护合法权益，使他们感受到社会各界的"关心"。通过持续报道各条战线优秀退役军人的典型事迹，塑造精神价值，传播新风正气，激发广大退役军人奋进新征程的"进取心"。一批批先进典型积极发挥示范带动作用，激励更多退役军人坚定不移听党话、跟党走，争当各行各业的发展领跑者、伟大时代的奋进追梦者、革命文化的传承弘扬者、美丽中国建设的积极贡献者、中国式现代化的推进开拓者，在为祖国、为人民、为民族的奉献中建功立业。

2024年是中华人民共和国成立75周年，是实现"十四五"规划目标任务的关键一年。面对新形势新任务，做好退役军人宣传工作，要坚持以习近平新时代中国特色社会主义思想为指导，全面贯彻落实党的二十大和二十届二中全会精神，深入学习贯彻习近平文化思想，深刻领悟"两个确立"的决定性意义，增强"四个意识"、坚定"四个自信"、做到"两个维护"，牢牢把握新时代新的文化使命，聚焦聚力"为经济社会发展服务、为国防和军队建设服务"的使命任务，持续做强正面宣传和舆论引导，不断满足广大退役军人日益增长的精神文化需求，不断提升宣传工作的传播力引导力影响力公信力，不断凝聚形成"让军人成为全社会尊崇的职业，让退役军人成为全社会尊重的人"的共识共为。

把加强理论学习作为"首要任务"。习近平总书记强调，要更好肩负起新时代新征程党的使命任务，迫切需要用新时代中国特色社会主义思想武装全党、指导实践、推动工作。退役军人宣传工作要把学习宣传贯彻党的理论作为首要任务，持续推动学习成果转化为做好本职工作、推动高质量发展的实际成效。要坚持不懈学习习近平新时代中国特色社会主义思想，用党的创新理论武装头脑，抓好深化内化转化，在分析问题时把握政治因素，在报道工作中考虑政治要求，做到真学真懂真用，切实把"政治家办报办刊办网"落到实处。要坚持不懈学习习近平文化思想，学习全媒体时代的信息传播规律，紧跟新形势新任务，把握当前传播方式、传播途径、传播手段的变化，及时调整宣传角度和姿态，把握时度效，增强传播力。要坚持不懈学习习近平强军思想和习近平总书记关于退役军人工作重要论述，学习退役军人工作政策法规，掌握基础业务知识，选准宣传要点、用准宣传语言、挖深宣传内容、找准受众对象，使宣传理念、话语、方法、形式更接地气，让广大退役军人和退役军人工作者感兴趣、听得懂、有共鸣，充分展现党的理论直抵人心的力量。

把坚持"内容为王"作为"看家本领"。习近平总书记强调，做好党的新闻舆论工作，关键是提高质量和水平。无论媒体形态如何变化，内容建设始终是根本。退役军人宣传工作要深耕退役军人事务领域内容富矿，提升优质内容生产能力。要在高度上用力，站稳政治立场。始终坚持正确导向，报道好习近平总书记对退役军人的关心关爱，报道好退役军人事务领域治理体系和治理能力现代化的最新进展，善于从新时代退役军人工作的伟大变革和广大退役军人的创新创造中提炼主题，使新闻作品富有时代精神、文化气息。要在深度上用力，多出优质精品。发挥"中国退役军人"全媒体矩阵的官媒优势，一方面，抢占"第一落点"，及时发出权威准确声音，定调引领舆论走向；另一方面，找准"第二落点"，整合系统资源，延伸新闻视角，生产有质量、有态度、专业性强的新闻作品，做到人无我有，人有我优。要在温度上用力，贴近退役军人。把政治语言生活化，理论语言大众化，俯下身、沉下心，深入基层工作一线，走进广大退役军人的生产生活和内心世界，注重换位思考，增强同理心，通过宣传理论、阐释政策、传递关爱、挖掘典型等，积极回应退役军人关切，把新闻写到退役军人的心坎上。

把用好先进技术作为"创新动力"。习近平总书记强调，要因势而谋、应势而动、顺势而为，加快推动媒体融合发展。退役军人宣传工作要用好新技术、新理念，把鲜活的内容通过丰富的形式、多元的途径更加广泛地传播，推动新闻生产提质增效。要建强平台。继续优化完善"中国退役军人""新时代中国双拥""国家退役军人课堂"全媒体矩阵，建立分众化和差异化的传播格局，努力实现"矩阵共振、生态联动"，最大程度提升传播力。要创新技术。积极运用AR、VR、直播、Vlog等手段，打造符合退役军人思想、心理、认知特点的新媒体产品，丰富传播形式和互动体验，让正能量澎湃"大流量"。特别是用好短视频，在宣传中快速传播重要新闻、热点话题，增加信息发布的直观性、感染力。要强化服务。以宣传中心为依托，在退役军人事务部层面建设信息发布平台，联动各级退役军人事务部门构建互联互动、便捷高效、横向到边、纵向到底的信息发布体系，满足多层级信息发布需求。要持续做好"军创英雄汇"退役军人直播带岗等类型活动，多打造服务退役军人的线上线下品牌，加强全媒化传播、可视化呈现、个性化服务。

把加强合力共为作为"关键增量"。习近平总书记强调，要塑造主流舆论新格局，形成网上网下同心圆。退役军人宣传工作要坚持大团结大联合，实现资源共享，以协同促发展，放大退役军人工作声量。要密切内外合作。主流媒体受众广、权威度高，在议程设置和舆论引导上影响力大，在前沿技术开发应用方面优势强。要加强与央媒等主流新闻媒体的沟通联络，在八一建军节、"9·30"烈士纪念日、在韩中国人民志愿军烈士遗骸归国等全社会广泛关注的重要节点和事件中，用好退役军人事务系统红色资源，以优质选题、信息资源赋能，"借船出海"，实现共赢。要密切上下合作。基层退役军人工作者离退役军人更近，在挖掘"沾泥土""带露珠""冒热气"的新闻线索方面具有天然优势。要加强与各级退役军人事务部门的沟通联络，组织宣传中心专业新闻团队深入基层协同采访，发现感人故事，寻找工作启迪，探求发展途径，把鲜活的退役军人工作报道好。要密切军地合作。着眼更好助力改革强军事业，健全完善与部队协同宣传的工作机制，共同讲好现役官兵精武强能的强军故事，讲好党的故事、革命的故事、英烈的故事，讲好"爱我人民爱我军"的双拥故事，在全社会营造崇军拥军浓厚氛围，巩固发展新时代军政军民团结。

做好新时代退役军人宣传工作，使命在肩、大有可为。让我们更加紧密团结在以习近平同志为核心的党中央周围，努力推动退役军人宣传工作高质量发展，为以中国式现代化全面推进强国建设、民族复兴伟业作出新的更大贡献！

上图 2021年2月7日，退役军人事务部宣传中心成立。图为宣传中心工作人员合照。

下图 2021年10月26日，退役军人事务部宣传中心重庆通讯员培训班预备会议在北京召开。图为工作人员合照。

上图 2022年9月27日，退役军人事务部宣传中心全体成员于退役军人事务部机关楼旧址前草坪合照。

下图 2022年9月22日，退役军人事务部宣传中心全体成员于北京焦庄户地道战遗址纪念馆开展党日活动。

上图 2023年11月3日，退役军人事务部宣传中心在蟒山森林公园举办秋季健步走活动。

下图 2023年9月26日至27日，《中国退役军人》杂志通讯员培训班在海南文昌举办。图为现场合照。

上图 2024年4月12日，退役军人事务部宣传中心举办春季健步走活动。

下图 2024年5月7日，退役军人事务部宣传中心全体工作人员于新华1949园区办公地址前合影。

向阳 向上 向未来

——这三年值得回味

　　2021年2月7日，退役军人事务部宣传中心正式挂牌成立。到今天，已经走过三年历程。

　　放眼新时代新征程，这是感恩时代、回报时代的三年。潮平两岸阔，风正一帆悬。退役军人事务部宣传中心三年来的快速发展，是这伟大时代恢宏交响乐中的一则小音符。"让军人成为全社会尊崇的职业，让退役军人成为全社会尊重的人。"习近平总书记亲自谋划设计、部署推动组建退役军人事务部，并围绕做好退役军人工作作出一系列重要论述，为推动新时代退役军人工作指明了正确方向，提供了根本遵循。党管媒体、党管宣传的制度优势，特别是退役军人事务部党组对宣传工作的高度重视、各级退役军人事务部门对宣传工作的强力支持，为宣传中心赋予了发展条件。宣传中心感恩时代，同时，也以出色的工作回报时代的馈赠、参与时代的进程，让退役军人故事成为新时代中国故事的出彩篇章，让得到精彩讲述的退役军人工作成为新时代中国共产党治国理政的佳作，"让尊崇成为风尚"是宣传中心孜孜以求的目标。

　　扎根于党和国家退役军人工作体系，服务广大退役军人，这是聚焦大事、踔厉奋发的三年。党的十八大以来，以习近平同志为核心的党中央全面加强对退役军人工作的领导，退役军人管理保障机构组建完善，安置就业质量不断提高，社会尊崇氛围持续浓厚，退役军人工作取得实质性跨越。这三年，宣传中心方方面面工作的主题主线只有一条，就是围绕退役军人工作大局和部党组工作部署，深度聚焦退役军人事务重点工作，大力推进媒体融合，精准有力推出典型、总结经验、营造氛围、指导工作。三年来，"在韩中国人民志愿军烈士遗骸归国""烈士纪念日""烈士寻亲""荣光之路"等活动强劲催泪，在全社会掀起"致敬忠烈、崇尚英雄"的舆论热潮；有关退役军人安置就业、优待政策宣传屡上热搜，持续不断凝聚团结向上正能量；退役军人在全国各地诸多突发和热点事件中见义勇为的佳话流传，干部群众中退役军人话题的存在感都大幅提升……这背后是对退役军人工作实实在在的助力和推动，"专业、有用"是宣传中心的奋斗目标。

作为党和国家宣传思想文化工作的组成部分，这是锐意创新、善作善成的三年。宣传思想文化工作极端重要，在媒体融合时代，面对更复杂的舆论局面，宣传思想文化工作更具有极强的专业性。这三年，宣传中心以追求专业、追求质量、追求创新、追求实效的强烈自觉，面对一个个宣传战役，认真打好每一个宣传战役。宣传中心和各大央媒及各省（区、市）的联动形成合力、造出声势，全系统700多名通讯员成为宣传中心强有力的支撑。打造宣传阵地讲求系统布局、科学运维、有力统筹；推广宣传产品讲求工匠精神、精益求精、专业品质，以"精心"换"精品"，让退役军人故事走进全民视野、走进媒体镜头、走进精神殿堂、走进历史长河，让退役军人工作故事赢得更多赞誉和支持。确定宣传策略，讲求打"整体战"、出"组合拳"，适应新的媒体格局和舆论生态，使各类产品承载精准的信息，使大大小小的宣传战役能够常态化展开。这三年，宣传中心秉持媒体融合思维，推进宣传理念、话语、方法、形式创新，从最初的"一刊一微"发展至目前的"一网两刊三微多平台"、拥有全网1500万粉丝的"中国退役军人"全媒体矩阵。

面对广大退役军人和优抚对象，这是真诚服务、深情讲述的三年。退役军人是党和国家的宝贵财富。穿上军装，他们在火热的军营中谱写壮美的奉献之歌、战斗之歌、青春之歌；脱下军装，他们踏上全面建设社会主义现代化国家新征程，奏响奋斗、创业、创新的昂扬旋律。这三年，宣传中心深入挖掘他们的故事，精彩讲述他们的故事，把镜头对准他们，把话筒伸向他们，让他们成为人民群众喜爱、欢迎的明星、网红，为"让军人成为全社会尊崇的职业，让退役军人成为社会尊重的人"创造坚实舆论基础，做了利国、利民、利军也利退役军人的好事、善事。

三年，在退役军人事务部宣传中心工作岗位上的那些人、那些事、那些走过的路、那些眼泪欢笑、那些点点滴滴，值得回味。

回望这三年，是为了面向更好的明天。向阳向上向未来！

傅雪柳

2024年2月7日 于新华1949园区

目 录 ———————————————————

第一章
应时而生，因势而立

> 组建退役军人管理保障机构，维护军人军属合法权益，让军人成为全社会尊崇的职业。
>
> ——2017年10月18日，习近平总书记在党的十九大报告中明确提出

2018年4月16日，退役军人事务部在京举行挂牌仪式和成立大会。自此，中国退役军人服务管理保障工作跨入新时代，走上发展快车道。

面对党和国家对退役军人工作的关心厚望，如何积极推进工作、不辱职责使命？面对舆论生态深刻嬗变，如何持续塑造宣传思想文化工作新格局？面对千万退役军人对国家政策法规出台、权益保障落地的关注期待，如何做好政策"解答人"？作为党的宣传工作的重要组成部分，退役军人宣传工作在回答这些重要命题中，迎来创新发展的新动力、新契机、新阶段。

一、党和国家退役军人工作高质量发展的强劲驱动

党的十八大以来，以习近平同志为核心的党中央高度重视退役军人工作，作出一系列重要指示和重大决策部署，为做好新时代退役军人工作提供了根本遵循和重要指引。退役军人事务部成立以来，在党中央、国务院的坚强领导下，在军地相关部门配合下，退役军人事务部边组建机构，边推进工作；边解决遗留问题，边谋划长远；边完善顶层设计，边落实计划任务，各项工作蹄疾步稳、全面展开。党和国家大政方针的指挥引领，退役军人工作高质量发展的内在要求，为退役军人宣传思想工作创新发展提供了不竭源泉，注入了澎湃动力，助推了退役军人事务部宣传中心的成立。

上图　2018年4月16日，退役军人事务部挂牌成立。孙琳琳 摄

下图　2023年1月16日，退役军人事务部机关办公新址揭牌。陈建辰 摄

（一）加强党对退役军人工作全面领导的政治要求

退役军人工作在党和国家工作全局中占有重要的地位，事关强国兴军大业、事关改革发展稳定大局，政治性强、敏感度高，加强党对退役军人工作的领导至关重要。做好退役军人工作，强化党对退役军人的领导，宣传思想工作是重要抓手，也是关键一环。成立退役军人事务部宣传中心，加强退役军人宣传思想工作，就是要进一步集中相关力量资源，运用各种信息载体和传播方式，教育引导各级退役军人事务部门，深入学习贯彻习近平新时代中国特色社会主义思想，深入学习贯彻习近平总书记关于退役军人工作重要论述，不断提高政治站位，强化理论武装，始终保持退役军人工作的正确前进方向；教育引导广大退役军人，不断强化思想政治引领，始终听党话、跟党走，奋进新征程、建功新时代。

习近平总书记指出，"要关爱退役军人，他们为保家卫国作出了贡献"。战争年代，退役军人曾经在民族危难、国家存亡之际，挺身而出、出生入死，为国家独立和民族解放作出了卓越功勋，被誉为"最可爱的人"。和平时期，广大退役军人退役不褪色、转岗不转志，在各自的新岗位上创优争先、努力奋斗，成为地方经济社会建设的生力军和突击队，为社会主义现代化建设作出重要贡献。成立退役军人事务部宣传中心，加强退役军人宣传思想工作，就是要进一步把退役军人的先进事迹和先进典型发掘好、宣传好，把退役军人顾全大局、珍惜荣誉、为国分忧的高尚品德和优良作风保护好、发扬好，持续发挥退役军人作用。

习近平总书记指出，军转干部是党和国家的宝贵财富，是建设中国特色社会主义的重要力量。军队干部转业地方工作，是他们人生的重大转折，要安置好，也要使用好，继续发挥他们的作用。退役军人工作既聚焦退役军人群体，又紧密连接军地，担负着为经济社会发展、国防和军队建设服务的双重责任。成立退役军人事务部宣传中心，做好退役军人宣传思想工作，就是要进一步架起军地"连心桥",激发支持国防和军队建设的热情,服务新时代党的强军事业;维护改革发展稳定大局,凝聚同心共筑中国梦强军梦的磅礴力量。在携手共谱新时代双拥共建的新篇章中,为党的领导地位和执政地位浇筑更加坚实的根基。

(二)贯彻党和国家决策部署的任务牵引

党的十八大以来,习近平总书记从实现强国梦、强军梦的战略高度,立足国际战略格局和国家安全形势的深刻变化,把退役军人工作同建设巩固国防和强大人民军队一体谋划推进,提出了一系列重大战略思想、重大理论观点、重大决策部署,深刻回答了新时代退役军人工作中带有方向性、根本性、战略性的重大问题。

2014年5月,习近平总书记在接见第六次全国军转表彰大会暨军转安置工作会议代表时指出,军转干部是党和国家的宝贵财富,我们要倍加关心、倍加爱护。军转安置工作十分重要,关系改革发展稳定全局和国防军队建设……我们要大力宣传这些先进事迹,使广大军转干部都能从中吸收力量。阐明了退役军人及退役军人工作的重要性,也为加强退役军人宣传思想工作指明了方向、明确了要求。

党的十九大报告指出,维护军人军属合法权益,让军人成为全社会尊崇的职业。2018年3月12日,习近平总书记在出席十三届全国人大一次会议解放军和武警部队代表团全体会议时进一步指出,组建退役军人管理保障机构对于更好为退役军人服务、让军人成为全社会尊崇的职业具有重要意义,要把好事办好办实。中央和国家机关、地方各级党委和政府要支持国防和军队建设,做好退役军人安置、伤病残军人移交、随军家属就业、军人子女入学等工作。作出了成立退役军人事务部并作为国务院组成部门的重要决策部署,明确了退役军人事务系统的主要工作职责,对于推动退役军人工作创新发展,开拓退役军人宣传思想工作广阔新天地，对于凝聚军心士气、建设强大国防、实现党在新时代的强军目标都产生了重大深远影响。

习近平总书记亲自谋划、亲自指导、亲自推动退役军人管理保障机构的组建和发展，既体现了总书记对退役军人的深情厚谊，更体现了党和国家对退役军人工作的关心重视。使命在前，责任在肩。退役军人宣传思想工作必须紧跟国家改革发展战略步伐，围绕中心、服务大局，宣传好习近平总书记关于退役军人工作重要论述，宣传好党中央关于退役军人工作的重大决策部署，及时传递党和政府对退役军人的关心关爱，充分激发广大退役军人投身经济社会建设的信心热情，积极引导全社会形成尊崇军人职业、尊重退役军人的浓厚氛围。让宣传思想工作始终与党、国家和军队全局工作同频共振、与退役军人整体工作齐头并进。

（三）推进退役军人工作奠基启新的职责所系

2018年，根据十三届全国人大会议通过的国务院机构改革方案，国务院将民政部的退役军人优抚安置职责，人力资源和社会保障部的军官转业安置职责，以及中央军委政治工作部、后勤保障部有关职责进行了整合，组建成立了退役军人事务部。当年，包括10个司（厅）的退役军人事务部内设机关组建完成，2019年9月底，国家、省、市、县、乡、村（社区）建成各级退役军人服务中心（站）60多万个，从国家到村（社区）六级退役军人服务机构基本实现全覆盖。随着改革进一步深化，退役军人工作站上新起点，迈出新步伐，进入发展新阶段。伴随着退役军人工作在实践中的探索创新，宣传思想工作及时梳理总结、积极宣介推广各级先进经验和成功做法，有力推动了全系统整体工作开局起步、奠基启新。

到2021年，经过前三年的努力，退役军人事务系统调整组建行政管理体系、建立健全服务保障体系、调动整合社会组织体系，基本建成了"三驾马车"并进的组织管理体系。退役军人事务部在此基础上对推动退役军人工作高质量发展做了全面规划，提出高质量发展要实现的六大目标——政治引领作用充分发挥，安置就业质量全面提高，抚恤优待制度更加健全，合法权益得到有力维护，服务保障能力明显提升，尊崇尊重氛围更加浓厚。新形势新目标，使宣传思想工作面临发展新局面，也为宣传思想工作发展进一步打开了新空间。

退役军人事务系统队伍的发展壮大，任务职能的大幅扩充，使命职责的深化外延，对于宣传思想工作本身也提出了更多需求和更高要求。靠一本《转业军官》杂志，显然已经难以满足退役军人宣传思想工作大发展的需要。2017年，《转业军官》正式更名为《中国退役军人》。2018年4月，随着退役军人事务部的挂牌成立，《中国退役军人》杂志也转隶成为退役军人事务部唯一官方刊物。为扩大影响力、强化舆论引导力，讲好退役军人故事，杂志不断改版提升，成为唯一专门面向广大退役军人的全国性期刊，双拥宣传的权威平台，退役军人宣传工作的主阵地。与此同时，部门户网站、部政务微信公众号也搭建起来，形成了"一网一微一刊"立体化宣传平台。全媒体时代的到来，让退役军人宣传思想工作有了更加广阔的舞台，也亟须通过加强集中统一领导、整合优质资源、网聚专业人才，建立一个宣传体量更大、覆盖范围更广、媒体技术更先进的综合宣传平台，为退役军人宣传思想工作提质增效，为推动退役军人工作发展创新发挥更大作用。由此看来，退役军人事务部宣传中心的成立既是形势所迫，也是水到渠成。

组建退役军人管理保障机构对于更好地为退役军人服务、让军人成为全社会尊崇的职业具有重要意义，要把好事办好办实。

——2018年3月12日，习近平总书记在出席十三届全国人大一次会议解放军和武警部队代表团全体会议时指出

※　※　※

成立退役军人事务机构，就是要加强退役军人管理保障工作，让军人成为全社会尊崇的职业。各级党委和政府要高度重视，切实把广大退役军人合法权益维护好，把他们的工作和生活保障好。

——2019年1月17日，习近平总书记考察天津和平区新兴街朝阳里社区退役军人服务管理站时强调

※　※　※

中央和国家机关、地方各级党委和政府要支持国防和军队建设，做好退役军人安置、伤病残军人移交、随军家属就业、军人子女入学等工作，配合做好军队全面停止有偿服务下篇文章，共同把强军事业推向前进。

——2019年3月12日，习近平总书记在出席十三届全国人大二次会议解放军和武警部队代表团全体会议时强调

※　※　※

加强军人军属荣誉激励和权益保障，做好退役军人服务保障工作。巩固发展军政军民团结。

——2022年10月16日，习近平总书记在党的二十大报告中明确提出

二、党和国家宣传思想文化工作发展创新的号角催征

以习近平同志为核心的党中央始终高度重视宣传思想文化工作，先后就宣传思想文化工作发表一系列重要讲话、作出一系列重要指示，为党和国家宣传思想文化工作指方向、定思路、明要求，为做好新形势下的宣传思想文化工作提供了根本遵循。退役军人工作围绕"人"开展工作的鲜明特性，决定了退役军人事务系统宣传思想工作具有更加重要的地位作用，肩负着更多责任重担。不断发展嬗变的舆论形态、媒体格局，也要求宣传思想工作跟上时代步伐，不断开拓创新。

（一）学习贯彻习近平总书记关于新闻舆论工作重要论述的实践举措

做好新闻舆论工作，营造良好舆论环境，是治国理政、定国安邦的大事。党的十八大以来，习近平总书记高度重视新闻舆论工作，在全国宣传思想文化工作会议、党的新闻舆论工作座谈会等场合，发表一系列重要讲话，作出一系列重要部署。有关提升新闻舆论传播力引导力影响力公信力的诸多深刻论述和指示要求，深刻阐述了新闻舆论工作的地位作用、职责使命、方针原则、实践要求、队伍建设等重大理论和实践问题，把我们党对新闻舆论工作的规律性认识提升到一个新的高度，为进一步做好新闻舆论工作提供了思想武器和行动指南，成为习近平文化思想的核心内容之一。成立退役军人事务部宣传中心，集中反映了退役军人事务部结合实际深入学习贯彻习近平总书记有关重要论述的高度自觉，也生动体现了习近平总书记有关重要论述在退役军人宣传思想文化工作领域落实落地的时代要求。

习近平总书记指出，做好党的新闻舆论工作，事关旗帜和道路，事关贯彻落实党的理论和路线方针政策，事关顺利推进党和国家各项事业，事关全党全国各族人民凝聚力和向心力，事关党和国家前途命运。这项在党和国家

事业全局中"极端重要"的工作，需要全党全国各条战线都高度重视、履行责任、开拓创新。党的十九大之后，退役军人事务部挂牌成立，迅即把宣传工作摆在突出位置紧抓不放，周密做出安排，扎实推动落实。在一系列工作实践的基础上，部党组进而决定成立专司本领域宣传工作的退役军人事务部宣传中心，正体现了用习近平总书记重要论述指导工作的最强担当、最高标准、最大力度。

习近平总书记强调，做好宣传思想工作必须全党动手。意识形态工作不仅仅是宣传部门的事。这些重要论述，为全党动手、全体动员、全方位、多层次地开展宣传工作、创新宣传实践提供了遵循。成立退役军人事务部宣传中心，就是在退役军人工作领域中，为全党动手的"大宣传"格局设置了专业、高效的重要节点，是扎根退役军人工作领域、面向退役军人这一特殊重要的群体组建了一支新队伍，是为了讲好中国退役军人故事而在全社会弘扬正能量、在全世界讲好中国故事而打造一支生力军，也是面向复杂舆论场和艰巨繁重任务全新设计、聚力建设的一支专业军，是对习近平总书记关于宣传思想文化工作重要论述要求的具体回应。

当今时代，舆论环境、媒体格局、传播方式都在发生深刻变化。习近平总书记指出，随着形势发展，党的新闻舆论工作必须创新理念、内容、体裁、形式、方法、手段、业态、体制、机制，增强针对性和实效性。要适应分众化、差异化传播趋势，加快构建舆论引导新格局。习近平总书记关于新闻舆论工作重要论述中多次提到推动媒体融合发展，着力打造一批新型主流媒体。退役军人事务部宣传中心从一开始就带有"融合基因"、打上"融合标签"，从一开始就彰显建设"全程媒体、全息媒体、全员媒体、全效媒体"的强烈诉求，从一开始就强力、持续推进流程优化、平台再造、共融互通、融合质变，是新型主流媒体建设的生动实践。宣传中心在建设运维上打破思维定式、摒弃传统观念、破除路径依赖并取得的开拓创新丰硕成果，也强烈彰显了习近平总书记关于媒体融合发展的重要论述的指导意义。

科学理论的有力指引，奠定了退役军人宣传中心开基立业的理论基础，打开了退役军人事务部宣传中心创新发展的广阔天地。科学理论的指导，确保了宣传中心全面建设的"方向"和"准绳"，也为其推陈出新、大放异彩提供了一整套的理念、思路、举措、方法。深入学习贯彻习近平总书记关于新闻舆论工作重要论述，永远是退役军人事务部宣传中心继往开来的根本法宝。

（二）践行退役军人工作"以人为本"工作特性的要求

退役军人事务系统主要工作职责涵盖政策法规拟定实施、思想政治、权益维护、移交安置、就业创业、军休服务管理、拥军优抚、褒扬纪念（国际合作）、教育培训、服务中心（站）建设等等，工作内容千头万绪、纷繁复杂，但都可以归结为退役军人的管理、服务和保障工作，归根结底都是做人

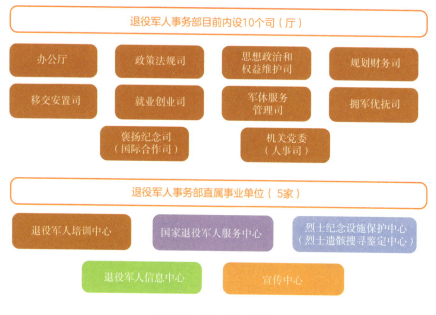

退役军人事务部组织机构

的工作，这是退役军人事务系统最鲜明的特征、最大的特色，这也就决定了退役军人事务系统宣传思想文化工作在退役军人整体工作中居于重要位置、发挥着重要作用。

宣传思想工作是提高舆论引导能力的重要手段。在新媒体和自媒体迅猛发展的今天，针对思想认识问题，通过积极主动的宣传思想工作，抢占意识形态阵地，在众声喧哗中坚持正确舆论导向，解开退役军人的"思想疙瘩"，营造尊重退役军人的浓厚氛围也是大势所趋、时代所需。

宣传思想工作也是凝聚奋进力量的有效方式。退役军人服务管理保障是关系军队稳定和社会大局稳定的大问题。这就需要我们高度重视、切实做好宣传思想工作，通过开展昂扬向上的新闻宣传和积极主动的思想引导，着力唱响主旋律、弘扬正能量，充分激发广大退役军人和其他优抚对象的自豪感、荣誉感、责任感，促进他们在理想信念、价值理念、道德观念上，紧紧团结在一起，凝聚迈步新征程、建功新时代的强大信心和决心，为服务党和国家事业做出更大贡献。

（三）舆论生态深刻嬗变驱动宣传思想工作升级迭代

习近平总书记指出，全媒体不断发展，出现了全程媒体、全息媒体、全员媒体、全效媒体，信息无处不在、无所不及、无人不用，导致舆论生态、媒体格局、传播方式发生深刻变化，新闻舆论工作面临新的挑战。当前，新一轮科技革命带来传播格局深刻变革，云计算、大数据、物联网、区块链、人工智能等新技术快速发展，移动应用、社交媒体、问答社区、网络直播、聚合类平台、自媒体公众号等新应用新业态不断涌现，全媒体的舆论传播特点形塑了全新的舆论生成模式，媒体格局、舆论生态呈现全新的特征，给退役军人宣传思想工作带来了挑战和机遇。

传播媒介的创新发展为退役军人宣传思想工作的载体、平台、渠道提供

2021 年 2 月 7 日，退役军人事务部宣传中心成立。宣传中心工作人员合照。

了更多元、丰富、快捷的可选项，支撑退役军人事务系统宣传思想文化工作驶入快车道。退役军人事务系统宣传思想文化工作，需要积极探索新举措、新手段、新方法，加强退役军人宣传思想文化工作领域传播手段和话语方式创新，运用个性化制作、可视化呈现、互动化传播的方式提升宣传思想工作的抵达度、接受度。

新媒体平台对用户时间的吸附性正在加深，新媒体赋能在广度上呈现对象"全民化"、深度上呈现"社会化"趋势，以数字化为核心的"移动化新媒体生存"已成为国人最基本的生活形态，具有强社交属性的移动互联网成为社会舆论生成的最重要"孕育场"。传播渠道移动化，使得信息的传播速率、便捷程度、放大效应空前加大，正能量、主旋律的宣传内容影响范围也在不断拓展，退役军人事务系统宣传思想文化工作的传播力、引导力、影响力、公信力也将得到有效提升。新媒体平台的更新迭代，要求退役军人事务系统

▲ 退役军人事务部官方门户网站

▲ 《中国退役军人》上下半月刊

▲ "中国退役军人"新媒体矩阵

▶ 『中国退役军人』微信公众号

宣传思想文化工作也需解放思想、更新观念，既敢闯敢试，又蹄疾步稳，用传播"黑科技"来提高传播力，不断创新传播手段，使其适应互联网时代大传播的格局，以最喜闻乐见的形式传播正能量和"好声音"。

2021年2月7日，宣传中心组建成立后，边配备队伍、边建章立制、边做优做强。三年过去，宣传中心已经形成了"一网、两刊、三微、多平台、多形态"的"纸媒+网站+官微+新媒体+客户端（军休APP）"全覆盖的融媒体矩阵，实现了内容多渠道分发、用户各平台导流。

"潮平两岸阔，风正一帆悬"。在部党组的坚强领导下、机关业务部门的指导帮助下，宣传中心全体干部职工和各地宣传工作者的辛勤努力下，退役军人事务系统宣传思想文化工作围绕中心、服务大局，与党中央决策部署同频共振、与退役军人整体工作同步共进，传播党和国家的声音，讲好退役军人的故事，推广工作实践中的经验，传播力引导力影响力公信力进一步增强，做到了"政治引领聚人心、舆论引导有方向、重大活动出亮点、典型宣传聚能量"，为退役军人事业发展营造了良好氛围。

"文章合为时而著，歌诗合为事而作"。退役军人事务部宣传中心的成立，是退役军人事务部"三个体系"建设的又一成果，是按照习近平总书记对退役军人工作的总体要求，根据中央机构改革的职责安排，结合退役军人事务部的工作发展特点和高质量发展要求而设立的一个宣传窗口，一个舆论导向抓手。

第二章

高点起步，进取开拓

以从中央到地方退役军人事务行政机构体系的建立为标志，退役军人宣传思想工作摆脱了原来分散组织、间隙出击的状态，形成实体化、制度化、系统化运行的工作格局，发展进入加速区间。退役军人工作有了与其战略意义、重要地位和工作体系相匹配的专司专职宣传工作力量体系，讲好新时代退役军人故事和退役军人工作故事的综合基础日渐厚实起来。

新平台，新跨越。退役军人事务部宣传中心自组建以来，边配齐队伍、边建章立制、边做优做强，状态上锐意进取、拔节而上，工作上亮点纷呈、有声有色，在退役军人工作高质量发展中表现出极高的贡献率和服务率，取得了丰硕的实践成果，成为党和国家宣传思想工作守正创新的重要篇章。

一、组织领导得力有方

（一）党组织的领导核心作用

党的领导核心作用，是我们战胜风险挑战、不断夺取胜利的关键所在。退役军人事务部党组始终坚持以习近平新时代中国特色社会主义思想为指导，全面贯彻党的十九大和二十大精神，充分发挥党组织的领导核心作用，围绕中心、服务大局，奋力推进新时代退役军人工作高质量发展。部党组站在政治和战略高度，从推动退役军人工作高质量发展和主动履行意识形态工作责任制的双重维度，高度重视宣传工作，多次进行研究部署，顶层谋划。部领导多次视察调研宣传中心，对中心全面建设和业务工作提出明确要求。部领导还特别关心《中国退役军人》杂志和新媒体阵地的落地情况，经常点评询问并具体指导，推动宣传中心平台建设快速发展。

中心党支部发挥坚强堡垒作用，加强党对退役军人宣传思想工作的领导，把学习宣传贯彻习近平新时代中国特色社会主义思想作为首要政治任务，充分认识党建工作在中心发展过程中的牵头抓总作用。一方面深入学习党的创新理论和党的十九大、二十大精神。根据部学习宣传贯彻实施方案，结合宣传中心工作实际，制定学习贯彻方案，组织中心全体党员干部深入学习，把思想统一到党的十九大、二十大精神上，把力量凝聚到党的十九大、二十大确定的各项任务上。另一方面不断加强组织建设。对照基层党组织标准化建设，扎实开展支部"三会一课"，规范党组织生活和中心工会各项活动。强化支部决议落实，明确中心权力运行流程图和廉政风险防控措施。同时坚持理论学习，把理论学习摆在思想政治工作的首位，按照部党组整体部署和中心党支部理论学习具体安排，抓紧抓实中心全员理论学习，并编印学习资料，通过集体学习和自学，不断提高政治理论水平和政治站位。

（二）制度建设夯实基础

根深才能叶茂，本固方可枝荣。制度建设既是做"加法"，又是做"乘法"，完善制度建设既能够固本培元，夯实工作基础，还能够放大工作效能，发挥"倍增器"的作用。面对新部门、新班子、新人员，退役军人事务部宣传中心探索梳理出一套公平、科学、高效的规章制度，确保中心各项工作顺利运行。在原中国退役军人杂志社关于人员管理、采编管理、工资绩效等多项制度的基础上，宣传中心领导立足实际、着眼长远，做好"破"和"立"两篇文章，多次前往兄弟单位调研，借鉴《人民日报》、《旗帜》杂志等主流媒体相关制度，反复推敲论证，制定了关于党建、行政、人事、财务、业务5大类多项管理办法。各项制度机制的逐步完善，对于规范工作流程、保障员工权益、激发工作积极性提供了强有力支撑。

随着专业化、高效化工作优势的逐步凸显，根据部内工作安排，宣传中心还承担部官方微信公众号、部官方网站的运营和维护。对于部官微，与办公厅新闻宣传处通力合作，规范选题报送、值班备班、审核把关等工作流程，增强对官微报道的策划力度，加强设计，增强美观度。对于官网，对接部信息发布制度和中心工作需要，优化官网运维机制，提高地方动态、媒体报道等栏目的更新频率，持续优化栏目设计、提升内容质量。

（三）舆论导向的准确把握

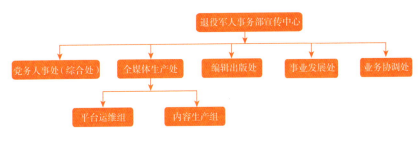

宣传中心组织架构

当前，退役军人宣传思想工作经受着诸多政治考验，尤其是退役军人政策制度相继出台，退役军人的思想观念更加多元多变。此外，随着媒体格局发生深刻变化，舆论生态日趋纷繁复杂，宣传工作也面临新的挑战，诸如对时代精神的提炼不够、自说自话忽视受众心理变化、过分拔高造成亲和力不足、缺乏二次传播的再造功能、扁平化传播造成影响力偏弱等。面对如此复杂的舆论环境，宣传中心始终牢牢坚持正确舆论导向，把党中央和习近平总书记的指示精神落实到宣传工作中，把准政治方向、强化政治意识、提高政治站位，始终在政治立场、政治方向、政治原则、政治道路上同以习近平同志为核心的党中央保持高度一致，做到弘扬主旋律、传播正能量，牢牢占领宣传思想工作阵地。

以"铺石以开大道"的气度唱响主旋律。正面宣传要够量、够全、够响、够力，着重要在大局、大势、大事上发力。宣传中心主动作为，不断巩固和壮大主流意识形态，提振精气神、鼓足正能量，把宣传习近平新时代中国特色社会主义思想，党中央、国务院关于退役军人工作的重大决策部署，习近平

"中国退役军人"微信公众号"英烈不容诋毁"主题评论文章

总书记关于退役军人工作重要论述作为首要政治任务。充分挖掘系统红色资源，深入推进党史学习教育，以"重磅发布、重要会议、重大活动、重点时节"为契机，充分运用全媒体手段推出两会、建部周年纪念日、优待证申领、退役军人进校园、加强国防教育、退役军人春招行动等重大主题宣传，形成持续声势，引导广大退役军人看主流、看本质、看光明面，引导广大退役军人成为巩固党长期执政的可靠力量、经济社会发展的重要力量，激励退役军人工作者奋发有为，再立新功。把网上舆论工作作为宣传工作的重中之重来抓，绷紧意识形态斗争这根弦，牢牢掌握宣传工作的话语权、主动权，做到守土有责、守土尽责，把广大退役军人紧紧团结在党中央周围。不断浓厚尊崇军人职业、尊重退役军人的社会氛围，以"筚路以启山林"的责任占据新闻舆论"制高点"。面对纷繁复杂的网络舆论场，宣传中心以强大的责任感冲上主战场，面对错误声音、错误言论敢于斗争、善于斗争，面对歪理邪说、歪风邪气敢于发声亮剑，旗帜鲜明批驳各种错误思想言论，激浊扬清，正本清源，积极发挥舆论引导作用。比如，拥有数百万粉丝的网络博主罗某平在微博上公然侮辱志愿军英烈遭公安部门刑拘，引发网络热议。"中国退役军人"微信公众号以"英烈不容诋毁"为主题连续刊发3篇评论文章，从法律、道德、历史等层面进行抨击批判，迅速占领了舆论"制高点"，收到了很好的效果，真正发挥了舆论"制高点"的强大作用。

（四）重要的工作方法和工作理念

思想指引行动，方法影响成效。只有掌握和运用科学思想方法，才能从纷繁复杂的矛盾中把握规律，增强工作的原则性、系统性、预见性、创造性，推动各项事业不断向前发展。宣传中心成立以来，通过有效运用科学的工作方法和工作理念，不断提高各项工作的能力和本领，在实践中刻录新时代新征程退役军人宣传思想工作的坚实步履。

围绕中心服务大局，才能永葆宣传工作活力。退役军人宣传思想工作在退役军人事业发展进程中肩负重要职责，要全程围绕中心工作、密切关注重点工作、主动挖掘亮点工作、积极探索难点工作，做到守土有责、守土尽责。首先要上接"天线"，发出理论宣传"强音"。宣传中心成立以来，《中国退役军人》杂志围绕思想理论和工作热点难点问题，每年刊发理论文章十余篇，涉及退役军人工作方方面面。裴金佳部长上任不久，即刊发署名文章《奋力谱写退役军人工作高质量发展新篇章》，充分发挥了思想引领、理

退役军人事务部党组书记、部长裴金佳于《中国退役军人》杂志2022年第6期刊发署名文章《奋力谱写退役军人工作高质量发展新篇章》。

《中国退役军人》杂志主题宣传稿件

论指南和政策宣传的强大作用。其次是下接"地气"，确保宣传"时度效"。坚持宣传工作与退役军人整体工作同频共振，围绕就业创业、优抚褒扬、权益维护、服务保障等业务领域深挖做法经验，围绕优待证发放、退役士兵保险接续、"兵支书"助力乡村振兴、退役军人保障法实施等重点工作突出专题宣传，让宣传工作在服务中体现价值，在互动中提升形象，焕发出持续活力。

解放思想、主动发声，提升宣传报道的"时度效"。做好退役军人宣传思想工作，要把握宣传思想工作内在规律，尊重新闻传播规律，顺应互联网发展大势，回避问题不如直面问题、被动应付不如主动出击。既要及时回应，又要主动引导；既要有话语的主动权，又要有话语的吸引力；既要把道理讲深讲透，又要让传播入脑入心，学会把"百炼钢"化作"绕指柔"，善于做"看不见的宣传"。2021年2月，《解放军报》推出《英雄屹立喀喇昆仑》报道后，宣传中心主动设置议题，与部内相关司局通力合作，迅速调动各方资源搜集整理素材，采访了解四位戍边烈士遗属优待抚恤的独家细节。中国退役军人微信公众号先后推出《大好河山，寸土不让！请记住这5位戍边英雄的名字！》《亵渎英烈，刑拘！》《首次公布！四位戍边烈士遗属优待抚恤细节》

等系列报道，引起人民日报等主流媒体关注并推送。其中《首次公布！四位戍边烈士遗属优待抚恤细节》全网点击量突破6.5亿，不断激发公众广泛、持续的爱国热情。

强化服务意识，提高宣传工作凝聚力。宣传中心一方面"视野"向上，在部党组的领导下，按照党中央的大政方针搞好宣传，营造主流舆论，主动回应社会关切，切实把党的温暖和习近平总书记的关心关爱送到退役军人身上。另一方面"笔端"向下，强化面向基层、服务群众的能力和水平。多反映退役军人工作和退役军人的愿望、诉求，让基层工作成为主角。努力维护广大退役军人和其他优抚对象的合法权益，积极阐释解读退役军人工作各项政策举措，主动解开退役军人"思想疙瘩"，带着感情和责任服务好退役军人，提高宣传工作凝聚力。如"中国退役军人"新媒体矩阵在退役季策划了《一声到，一生到》政策服务专栏，梳理退役返乡、保险接续、就业保障等政策；2022年4月11日起至今连续推出40多场"军创英雄汇"退役军人招聘行动系列直播活动，公益为全国退役军人找工作，关注人数已超过一亿人次，全网已有超过15万名战友投递简历。

2022年6月20日，"军创英雄汇"退役军人春招行动收官暨总结座谈会在京举行，退役军人事务部党组成员、副部长马飞雄做客直播间与入职退役军人代表视频连线。

二、力量队伍向强向好

人才是第一资源，是推动退役军人宣传思想工作高质量发展，谱写新时代退役军人事业发展新篇章的关键因素。宣传中心以大力发现培养为基础，以强化实践锻炼为重点，以确保选准用好为根本，以从严管理监督为保障，多措并举扎实推进人才队伍建设。

念好"敬字诀"，为人才抛出诚意十足的"橄榄枝"。根据宣传中心年度选人用人计划，组织开展非事业编招聘、应届毕业生招聘、社会人员公开招聘、接收安置转业军官等工作，招聘和接收政治素质好、专业能力强的优秀人员，人才队伍不断壮大，为中心高质量发展提供人才保障和智力支撑，着眼打造一支能够胜任退役军人宣传工作高质量发展的全媒体人才队伍。牢固树立正确的选人用人导向、严格选人用人标准，补充精干力量，培养一支战斗能力强、综合素质高的骨干队伍，切实达到了人尽其才、人岗相适、编制到位的扎实标准，为宣传中心高质量发展提供有力的人才保证。

念好"升字诀"，让人才能在事业上书写"新篇章"。宣传中心开展中心工作人员业务培训并与办公厅、思想权益司、就业创业司、拥军优抚司等业务司局召开业务工作交流会，进一步提升中心工作人员综合能力，激发中心工作人员奋发向上的工作内动力。宣传中心积极发挥系统内新闻宣传工作的"龙头"责任，年度组织开办全国层面的通讯员培训班，加强对各地方宣传工作者队伍的培训，组建了覆盖省、市、县三级的退役军人工作系统通讯员队伍，对通讯员申报条件、职责任务、培训评优等提出明确要求。定期组织通讯员队伍培训，邀请专家学者、业务骨干登台授课，定期了解新知识、熟悉新领域、开拓新视野，不断增强脚力、眼力、脑力、笔力，持续提升新闻宣传工作水平。全国退役军人事务系统宣传思想文化工作队伍建设呈现新风扑面、一片生机的活跃局面。在宣传中心的引领和帮带下，各级退役军人事务部门高度重视宣传工作专业力量建设。

念好"留字诀"，给人才竭力搭建理想的"栖息地"。宣传中心进一步加强人才队伍建设，推动创新激励机制落地。坚持正确的选人用人导向，严格选人用人标准，用好存量人才、引进优秀人才，规划人才梯队建设，充分发挥释放人才活力。不断提高采编队伍和经营队伍的整体素质，让人才经风雨、见世面、壮筋骨、长才干，为中心发展提供全媒体、复合型、应用型和创新型的德才兼备的人才队伍支撑。在采编工作人员中，中高级专业技术职称占到六成。

三、媒体平台破局开新

融合创新，是新闻宣传的大方向、大趋势，是做好新时代新闻宣传工作的基础和前提；融合式发展道路，更是全媒体时代传统媒体走出困境的必由之路。在部党组的正确领导下，退役军人事务系统新闻宣传工作者深入学习贯彻落实习近平文化思想以及习近平总书记关于宣传思想文化工作的重要论述和关于媒体融合发展的重要论述，不断树立创新精神、强化创新意识，通过形式创新、技术创新、平台创新等一系列手段，进一步推动媒体融合向纵深发展，不断拓展全媒体传播新格局，积极构建纸、网、微、端、屏媒立体化、全渠道的宣传格局，促成了"刊网微端屏"百花齐放，文图音视争奇斗艳的全面转型、一体化发展，从"独唱模式"升级为"齐声合唱"，更好担负起退役军人事务系统新闻宣传工作的职责使命。

宣传中心成立以来围绕的一条工作主线就是：以准确权威的正能量内容打造专业的"中国退役军人"全媒体平台，构建退役军人工作宣传的主渠道、主阵地、主力军，并以此为依托联动央媒、军地各类媒体、社会化商业平台，扩大退役军人的声量，讲好退役军人的故事，让习近平总书记和党中央对退役军人的关心关爱成为时代最强音。三年来经过各级共同努力，退役军人宣传阵地建设取得突出成就。中心成立初期,只有《中国退役军人》杂志和"中国退役军人"微信公众号唯一新媒体平台,传播平台的缺失无法适应互联网时代大传播的格局。在实践中,宣传中心以"新平台、新跨越"为主题,大胆创新、勇于突破,大力推动媒体融合发展,逐渐形成了"一网、两刊、三微、多平台"全媒体矩阵,打造出多个"爆款"产品和栏目,在各个平台的支持下,系列产品的点击量、阅读量从以百万次计,顺利进阶为以亿次计,关于退役军人的权威声音越来越掷地有声、广泛传播。

(一)2021:布局开拓

宣传中心成立后,对《中国退役军人》杂志这个支柱平台持续发力,加大改版创新力度,增加原创独家内容,办刊质量明显提高,杂志发行数量大幅增加,影响力进一步增强。一是稿件质量稳中有进。在杂志文章中增加扫码观看、扫码收听等功能,将传统杂志打造成为一本可听、可视、专业有用的全媒体刊物。杂志品牌栏目"荣光之路"主题宣传大获好评。杂志"探索创新"栏目多篇文章被人民日报等主流媒体转载,新媒体转载破亿的达数十条。2021年7月,《中国退役军人》杂志以特刊的方式向百年大党献礼致敬,新媒体矩阵和特刊实现整体联动,将"七一"系列宣传推向高潮,并入选中国期刊协会"全国期刊建党百年专题巡礼"。二是发行数量再创新高。2021年,杂志月均发行量为27.5万份。特别是2021年4

《中国退役军人》杂志2021年第7期"七一"特刊

月，杂志推出"荣光之路"采访活动以来，单期发行量屡创新高。三是覆盖面不断扩大。在长三角、珠三角地区覆盖面取得重点突破的同时，积极做好东北、中西部地区的退役军人宣传工作，杂志影响力和覆盖面不断扩大。在部领导的支持下，积极推动杂志进军营，得到军队官兵的认同。四是探索发行模式转变。为进一步扩大影响力、降低运行成本，推动宣传中心高质量发展，经多方调研论证，改革发行渠道，与技术公司合作开发杂志订阅发行ERP软件，通过可视化、便捷化人机交互，实现平台与用户的直接交流，后台大数据随时管控，提高工作节奏和效率，杂志发行工作跨步进入大数据时代。发行软件平台于2021年9月9日正式上线。

宣传中心成立伊始，就着力全面改版"中国退役军人"微信公众号，大幅增加原创内容和更新频率，提质增效，增强公众号的权威性和官方性；着力打造"老班长""兵小花"人物形象，拉近与广大退役军人和其他优抚对象的心理距离，粉丝用户有效阅读黏性持续增强，10个月时间，粉丝量从34万到年底突破50万。依次推动进驻抖音、快手、视频号、人民号、新华号、央视频、学习强国、喜马拉雅、澎湃号、头条号、知乎、哔哩哔哩等13个新媒体平台，实现内容多平台、多渠道分发。2021年8月，"中国退役军人"全媒体矩阵开展"八一"宣推，全网总触达量达6亿。抖音号粉丝量半年强势突破100万、当年底达167万，快手号粉丝量半年逾70万、当年底逾113万，均以每月近20万的数量快速增长，总播放量突破8亿，并跻身军事类账号大V行列。推出深入学习习近平总书记"七一"重要讲话精神、全国"最美拥军人物"、英雄回家——第八批在韩中国人民志愿军烈士遗骸回国、2021年全国退役军人事务厅（局）长会议等专题，积极推动重大宣传主题部官网、杂志、"中国退役军人"全媒体矩阵融合互动。"中国退役军人"新媒体账号已经全面进驻官方平台，并纳入人民日报、新华社、央视等权威媒体重要选稿池。"中国退役军人"全媒体矩阵还入选当年全国网宣系统最高奖中央网信办"五个

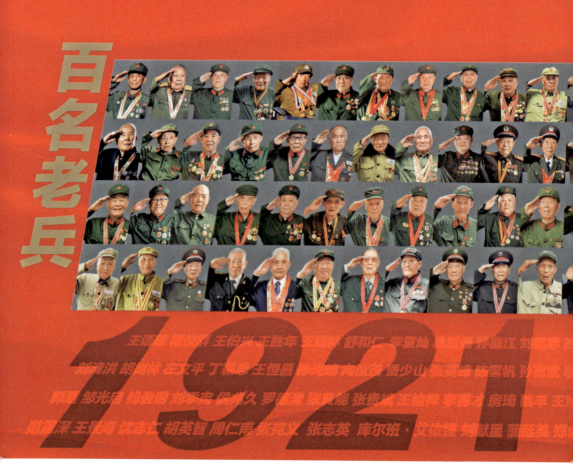

《中国退役军人》杂志2021年第7期"七一"特刊"百名老兵 向党报到"拉页

一百"。

从"一刊一微"到"一网、一刊、一微、13平台","中国退役军人"已形成全媒体矩阵品牌,打造出多个"爆款",系列产品的点击量、阅读量从以百万次计顺利进阶为以亿次计,其中《首次公布!四位戍边烈士遗属优待抚恤细节》全网点击量突破6.5亿,《95岁一等功老兵深藏功名72年》全网点击量突破2亿,《军车开道、司令登门,这就是送喜报的排面》《共服役180年!六位兵王退休》《二次入伍,帅!帅!帅!》《直招军官,退役军人可优先》《泪目!这是戍边四烈士牺牲后的第一个清明》等多篇文章得到人民日报、解放军报、央视新闻等主要媒体全网转发,权威声音广泛传播、掷地有声。

部门户网站充分发挥对外公开窗口的作用,2021年全年共发布信息6627

条，其中主动公开信息313条，网站访问总量达到5亿多次，较2020年发布信息总数增加7.5%，扩大了退役军人工作的声量。2021年12月，部官网紧抓重要新闻发布的热点，网站浏览量环比增长80%。利用头条栏目、部内信息、政策解读等多个栏目，开屏页、专题页等多种形式对全年的热点事件和重要活动进行及时全面的重点宣传和系列报道。官网阅读量稳步攀升，"各地动态"等栏目点击量达到数百万。当年陆续开设"第八批在韩中国人民志愿军烈士遗骸回国""2021年全国退役军人事务系统对口援疆会议""学习贯彻党的十九届六中全会精神""2021年度全国退役军人厅局长会议"等13个专题。与杂志和新媒体平台积极联动，共同打造退役军人宣传工作破圈的混合新动力。

此外，宣传中心2021年初就开始推进发行工作改革。经过半年多努力，

《中国退役军人》线上订阅平台

与技术公司合作开发的线上订阅平台已经开通，支持用户在手机端和电脑端订阅杂志、开具发票、查询物流信息，极大提高工作效率，宣传中心的发行工作跨步进入大数据时代。

（二）2022：持续发力

2022年，《中国退役军人》杂志围绕党和国家退役军人工作大局和部党组工作部署，深度聚焦退役军人工作大事、要事，大力推进内容形式、方式方法创新，进一步准确把握受众需求，有效提升内容品质，在坚守定位职责、坚持守正创新、规范创作方向、强化选题策划、增强互动等方面取得实效。一是进一步提升办刊质量。继续贯彻落实中央领导同志关于《中国退役军人》杂志的重要批示精神，对2022年度杂志栏目进行调整，同时提升版面质感，增强整齐性、统一性。杂志围绕思想理论和工作热点难点问题，刊发理论文章涉及退役军人事务工作方方面面。裴金佳部长上任不久，即在《中国退役军人》刊发署名文章《奋力谱写退役军人工作高质量发展新篇章》，充分发挥了思想引领、理论指南和政策宣传的强大作用。重点突出两会、八一建军节、"9·30"烈士纪念日、党的二十大等重要时间节点以及"第九批在韩中国人民志愿军烈士遗骸回国""最美退役军人"评选等重要活动，以推动退役军人工作高质量发展为主题，围绕"让退役军人获得感成色更足"主线，坚持正确政治导向、舆论导向、价值取向，营造浓厚社会氛围，唱响退役军人工作主旋律，传播退役军人正能量。二是加大主题宣传策划力度。精心策划2021年度全国退役军人事务厅（局）长会议宣传报道，总结2021年全国各地退役军人工作发展成绩；深度聚焦退役军人优待证研发、申领、推出等工作，积极引导舆论，形成全社会共识，助力工作开展；深入宣传退役军人进校园、加强国防教育的重大主题，营造浓厚社会氛围，引导更多退役军人走进校园、发挥作用；在建部四周年之际，系统回顾退役军人事务部组建以来在就业安置、优抚体系、帮困政策、社会尊崇等方面高质量发展的成就，推出多篇重点报道，全方位、多层次、多角度宣传报道亮眼工作成绩；继续开展"新春走基层""荣光之路"系列主题宣传报道，以扎实的文风、独特的视角发掘各地工作亮点。三是打造优质品牌专刊特刊。为庆祝中国人民解放军建军95周年，2022年第8期杂志推出双拥特刊，全面呈现拥军优属、拥政爱民的新时代画卷。

发行方面，《中国退役军人》杂志2022年发行量再创新高，达41.89万份。裴金佳部长关心宣传中心各项工作，询问杂志情况，使中心全体同志深受鼓舞、倍添动力。在工作实践中，宣传中心优化升级杂志自办发行平台，实现客服与用户直接交流，实时掌握订阅数据及物流信息，同时，通过推出"荣光之路""探索创新"等专栏和各类全媒体活动，逐一总结各省退役军人工作的典型经验，报道地市县的工作亮点，搭建"春招会""云歌会"等平台，以深入扎实的作风、严谨求实的文风赢得信任、增进感情。

《中国退役军人》杂志2022年第8期双拥特刊

新媒体矩阵建设方面，继续深化新时代全媒体格局，坚持深度融合发展，从"一刊一网13个平台"拓展为"一刊、一网、15个新媒体平台"的"纸媒+网站+官微+新媒体+客户端（军休APP）"全覆盖的融媒体矩阵，实现了内容多渠道分发、用户各平台导流。全网粉丝量突破800万，公众号粉丝达120万，抖音、快手粉丝均破200万，全媒体矩阵阅读（播放）量累计达26亿，全网总触达量70亿，每周均有内容被人民日报、新华社、解放军报等权威媒体及各地媒体平台转发。以杂志为基础，以全媒体矩阵为依托的全媒体平台建设初具规模，保证了及时、准确、权威的发声，成为引导舆论的重要支撑。一是宣传退役军人工作"好声音"。以更通俗易懂的话语模式，更丰富生动的新媒体手段，向全社会传递党中央和习近平总书记重视退役军人工作、关心关爱退役军人的强烈信号。其中，关于优待证、保险卡的系列解读文章、视频阅读（播放）量超亿次。二是倾力打造红色典型宣传平台。在清明期间联合团中央、少工委推出"纸鸢寄相思"手绘H5，为先烈云献花人次累计超过8000万；"八一"期间推出"军魂永不褪色"战友云歌会等网络主题系列宣传活动，云歌会获得央视网、央视频等百余家单位及平台同步直播转载，总曝光量达1.06亿人次，超千万网民观看互动。"9·30"烈士纪念日，"中国退役军人"新媒体矩阵推出"让思念跨越时空·诵读红色家书"直播活动，3000万网友线上观看。三是构建跨系统的朋友圈和资源库。强化生产"独家原创内容"，作为权威、优质、正能量内容生产者和提供者，开放了各省市、中央和地方各媒体、部委以及部队的各类新媒体平台的用稿权限，开列白名单。深度联动人民日报等央媒，拉动网信办、团中央、应急管理部等政务号，联动抖音、快手、今日头条等商业化大平台，整合各省退役军人系统的信息平台、各军兵种的宣传部门、社会化拥军企业，建立起强大的朋友圈和资源库，聚力打造"中国退役军人"品牌。

围绕部党组各项决策部署，全方位服务部内各项工作，做好部官网官微、军休APP、国家退役军人微课堂运营维护工作，做好相关会议、活动的宣传报道，高标准完成办公厅、各司（局）及部属事业单位委托的视频制作和年鉴、增刊及图书编辑出版工作。

（三）2023：再行再进

聚精会神办好《中国退役军人》杂志。聚焦习近平总书记和党中央对退役军人工作的决策部署、退役军人事务部大事要事，推出学习宣传贯彻党的二十大精神、二十大代表在基层和荣光之路、优待证申领、退役军人进校园、在韩中国人民志愿军烈士遗骸回国等重大主题宣传报道，不断巩固壮大主流思想舆论阵地，先后多次受到中央领导同志批示和表扬。《中国退役军人》杂志评级为"优秀"；《中国退役军人》杂志刊发的独家报道《穿越百年的尊崇之光》一文，入选2022年第六届"期刊主题宣传好文章"；"中国退役军人"全媒体平台还被评为"航空助农战略贡献单位"。杂志质量、覆盖面和影响力不断提升，发行量逆势上行，从2020年的17.5万份跃升至2023年的40.5万份，名列中国邮政发行百强榜第14名。

2019—2024年《中国退役军人》杂志发行量

2023年，宣传中心开始启动《新时代中国双拥》办刊工作。《新时代中国双拥》是退役军人事务部主管、全国双拥办指导的工作期刊，承担着解读双拥政策、挖掘双拥模范城经验、宣传双拥典型事迹、报道军地拥军优属拥政爱民创新举措的职责，既是全国双拥办指导工作的权威平台，也是军地展示双拥工作的交流平台。中心紧紧围绕把专刊打造成"双拥宣传工作主阵地主渠道主力军及权威平台"的奋斗目标，讲好新时代强军故事和双拥故事。建设一批军地有影响的名栏目、名专版，以新语态诠释新思想，以新传播描绘新时代。2023年2月24日，《新时代中国双拥》专刊研讨会在京召开，来自全国双拥工作领导小组办公室，退役军人事务部办公厅、拥军优抚司、宣传中心，军委政治工作部群众工作局、退役工作局，各军兵种群工部门和来自山东、浙江等17个省（自治区、直辖市）及部分地市退役军人事务厅（局），太

2023年2月24日，《新时代中国双拥》专刊研讨会在京召开，退役军人事务部党组成员、副部长马飞雄为军地代表赠刊。　曹舒昊　摄

原、内江、文山州等6个地市州双拥工作领导小组的负责同志，以及国防大学、中国期刊协会等高校和研究机构、媒体单位的专家学者汇聚一堂，为办好《新时代中国双拥》专刊出谋划策、献智献力。《新时代中国双拥》专刊与《中国退役军人》杂志并立发行，奠定了宣传中心内容和平台建设的"双轴"格局，为后续立体式矩阵建设和话语体系创新开创了崭新空间。

部官网、两本杂志，"中国退役军人""新时代中国双拥""国家退役军人课堂"三个微信公众号，同步进驻到学习强国、人民日报、中央广播电视总台等央媒及抖音、快手、今日头条等社会化商业平台的"中国退役军人"号，构成了"一网、两刊、三微、多平台"全媒体矩阵。围绕全国退役军人事务厅（局）长会议、退役军人事务部建部五周年等重要会议和节点，推出综述、述评、图文、短视频等全媒体产品，立体呈现退役军人工作在思想政治引领、权益保障、就业创业、拥军优抚、褒扬纪念等方面的工作成果。在建部五周年报道中，"中国退役军人"全媒体平台共发布公众号推文7篇、短视频4条，浏览量共计2490.9万，点赞达35万，评论区互动量高达27万条。线上活动强势引领。跨年夜联合角屿岛哨所、苏海图哨所，与共青团中央、快手平台推出"陪你卫国戍边"跨年慢直播，全网观看达1.13亿人次。春节期间联动边防哨所战士、抗美援朝老英雄、军嫂、军娃、"最美退役军人"代表等，连续9天不间断发布系列祝福视频，总浏览量超4200万。退役季推出的"首批春季入伍士兵退役季""2023年春季入伍季"相关内容图文、短视频18条，总浏览量共计8658万。清明节期间，"清明祭英烈"直播活动在全国17处烈士纪念设施及红色教育基地等开展，"中国退役军人"联合全网129个平台播出，超3000万名网友为英烈"云献花"寄语哀思，相关话题传播超过27.6亿。五一劳动节推出的"一起晒出劳动者的手"征集活动，话题浏览量近300万。2023年半年数据统计中，半年间官网共更新信息逾3000条，日均更新超过20条。各新媒体平台共推送图文、短视频共计4177条，矩阵内总阅读（播放）量突破17亿，多条首发内容登上全网热搜，每周均有内容被人民日报、新华社、解放军报等权威媒体及各地媒体平台转发。

"首批春季入伍士兵退役季"专题策划

"一起晒出劳动者的手"专题策划

2023 年 11 月 23 日，第十批在韩中国志愿军烈士遗骸迎回仪式。曹舒昊 摄

2023年11月24日，第十批在韩中国志愿军烈士遗骸安葬仪式。曹舒昊 摄

《退役军人事务年鉴》《创业兵法》和《创业韬略》

11月23日至24日，第十批在韩中国人民志愿军烈士遗骸回国期间，宣传中心推出"山川同念 英雄回家"70小时不间断主题直播活动，活动观看量破亿人次，"中国退役军人"全媒体矩阵总阅读（播放）量达4.73亿次，话题总浏览量超27亿次，全平台超30次登上热搜榜单。人民日报、新华社、人民网、新华网、央视网等百余家媒体矩阵同步直播，直播相关内容获全网转载。图书增刊出版业务崭露头角。受部办公厅委托，连续5年负责《退役军人事务年鉴》编撰工作，为退役军人事务工作留下了史实资料。与人民日报出版社、研究出版社合作，策划、编辑、出版图书《创业兵法》和《创业韬略》，收录了110多位全国退役军人创业光荣榜典型的创业故事，图书出版后受到多方好评。申请办理出版物经营许可证，获得图书经营资质，为下一步开展图书出版工作奠定了良好基础。此外，2023年，"军创英雄汇"退役军人招聘行动累计直播24场，共提供3.2万余岗位，超7200万人关注，全网有15余万名战友投递简历。

整合各方资源形成"大宣传"合力。系统内外省地市和军队700多人的通讯员队伍，成为宣传中心强大的创作支撑和合作伙伴。2023年9月，在海南文昌举办《中国退役军人》杂志通讯员培训班。10月16日至20日，与培训中心联合在陕西延安举办全国退役军人教育培训和新闻宣传培训班。一年中，宣传中心联合各部委、社会单位和拥军企业、军创企业、各类传播平台共同推出"高质量发展调研行""你好，双拥模范城""荣光行动""军创英雄汇"等大型报道、直播活动和公益活动，整合各方资源，形成巨大的宣传声势。

2022年1月22日，参加仪式的嘉宾代表共同推动启动杆，宣布"2022·荣光行动"正式启动。

2024 年 5 月 7 日，退役军人事务部宣传中心全体工作人员于新华 1949 园区草坪合影。

官网建设方面。官网日更量持续提高。各新媒体平台推送图文、短视频共计4177条，矩阵内总阅读（播放）量突破17亿，多条首发内容登上全网热搜。还会同军休司制作《红色记忆》三集口述历史专题片；受浙江省退役军人事务厅委托，拍摄制作成立5周年汇报宣传片《尊崇》。此外，还在积极推进与各司（局）合作制作视频等工作。

第三章

有声有色，出新出彩

习近平总书记在文艺工作座谈会上深刻论述了"文艺"与"作品"的关系。他指出，推动文艺繁荣发展，最根本的是要创作生产出无愧于我们这个伟大民族、伟大时代的优秀作品。没有优秀作品，其他事情搞得再热闹、再花哨，那也只是表面文章，是不能真正深入人民精神世界的，是不能触及人的灵魂、引起人民思想共鸣的。文艺工作者应该牢记，创作是自己的中心任务，作品是自己的立身之本，要静下心来、精益求精搞创作，把最好的精神食粮奉献给人民。

文艺如此，宣传亦然。对于退役军人事务部宣传中心而言，好作品更是安身立命的硬通货。一方面，在注意力稀缺的时代，面对着激烈的流量竞争、眼球争夺，坚持内容为王，层出精品力作，才能实现退役军人宣传工作质效。另一方面，有代表作才能叫代表队，精品力作层出不穷才算是够格的专业队。这三年，高质量退役军人宣传产品的现象级涌现，有影响力、引导力的战役级主题宣传的高频次组织，构成了新时代退役军人工作全局舞台中的突出景观，也成为近年来党和国家宣传思想文化工作战线的一大重要增量。

宣传中心成立带来的退役军人和退役军人工作宣传新气象新作为，正是以好作品如雨后春笋、成规模成批量脱颖而出为标志的，"宣传中心出品"在某种意义上已经成为品质保证。

一、重大活动：我在场，我发声

（一）党的二十大和学习贯彻习近平新时代中国特色社会主义思想主题教育宣传

党的二十大召开前后，"中国退役军人"全媒体以"我与奋进的新时代"为主题策划推出系列报道，独家连线二十大代表中的退役军人，讲述新时代的奋斗故事。推出"退役军人专属贺电""退役军人花式献礼二十大"等征集活动；开展"我与奋进的新时代"征文活动。根据二十大报告提到退役军人的内容，推出系列学习贯彻稿件及金句海报、视频等，联合各地退役军人事务系统推出献礼二十大好做法、好活动系列宣传工作。在大会第一天就及时发声，报道广大退役军人和退役军人工作者的积极反响，通过社论、系列述评等，跟进做好理论阐释和宣传报道，形式多样、语态亲切、氛围浓厚，有效推动党和国家"好声音"在退役军人中落地生根。《中国退役军人》杂志第11期推出"学习宣传贯彻党的二十大精神"专刊，用大量篇幅刊登报告原文，同时发表裴金佳部长署名文章《做到学思用贯通 知信行统一 深入抓好党的二十大精神学习贯彻》以及部领导的学习体会。部官网、新媒体推出专题页、

《中国退役军人》2023年"封面报道"栏目策划海报

专栏、专访等一系列宣传报道，利用各种媒体平台手段，采取喜闻乐见的形式，持续推进党的二十大精神在退役军人事务系统落地生根。《中国退役军人》杂志的每一期，都以显著位置刊登习近平总书记重要活动和重要论述，开设"学习贯彻习近平新时代中国特色社会主义思想主题教育""学思想 强党性 重实践 建新功""学习宣传贯彻党的二十大精神""大兴调查研究之风"等专栏。2022年12月，中央经济工作会议召开后，在找准发力部位、迅速跟进宣传、营造浓厚氛围上尽锐出击，推出"退役军人在稳增长一线""稳岗就业在行动"等原创报道，体现出着眼大势、服务大局的主动和担当。

2023年，是全面贯彻落实党的二十大精神的开局之年，也是学习贯彻习近平新时代中国特色社会主义思想主题教育推进之年。退役军人事务部宣传中心坚决贯彻落实党中央决策部署，着力以学铸魂、以学增智、以学正风、以学促干，用习近平新时代中国特色社会主义思想鉴定理想、锤炼党性、指导实践、推动工作，聚焦主题教育，加强统筹谋划，对退役军人工作成果进行全方位呈现、多角度阐述、立体式宣介，充分发挥了舆论引导主渠道主阵地作用，取得良好社会效果。

（二）退役军人工作领域重要活动、重要政策宣传

退役军人事务部成立以来，领域工作大事多、喜事多、新事多，重磅政策、重要会议、重大典礼、重点工作等成为退役军人宣传工作创新发展的"源头活水"。一方面，是创新"活力源"——党中央对重大活动的高期待高要求，重大活动所承载的大考量大使命，都倒逼宣传工作必须加力加劲、创新提效；另一方面，是发展"动力源"——重大活动也成为各级退役军人宣传工作者队伍经受考验、强固本领、打造精品的最好契机和表现舞台。凡到重大时点，退役军人和退役军人工作相关宣传总会乘势而来、强势出击；每临重大活动，退役军人和退役军人工作相关宣传总会如期而至、形成亮点，真正做到了不缺位、有强音、产实效。

将重大活动打造为舆论热点，伴随重大活动推出现象级"爆款"。宣传中心成立后，首次大宣传战役即是2021年两会宣传。也正是从2021年开始，退役军人话题成了两会高热度话题，举世瞩目的中国两会成了退役军人形象和退役军人工作业绩的集中展示窗口。在2021年两会报道中，创新设置"两会@退役军人""老班长上两会""视频专访两会退役军人代表""两会图说"等七大版块，推出独家专访、独家评论、独家连线、各地厅（局）长代表学习表态等专栏，讲实讲透两会信息。其间，"中国退役军人"公众号发布推文15

篇，原创文章8篇，总阅读量达39万，平均阅读量为2.6万，阅读量过5万的有2篇，其中原创文章《罗援将军评政府工作报告："说到了退役军人心坎里！"》和《这5位代表委员的声音，退役军人听了很温暖！》单篇阅读量分别为6.7万和7万，近60个微信平台进行转载，仅在微信端阅读量（含转载）破百万。

《退役军人和其他优待对象优待证管理办法（试行）》文件

退役军人事务部谋划、推动的重点工作、重大政策，经过宣传方面的整体策划和高质量报道，屡屡成为全社会关注、全民全媒高度点赞的舆论盛事。2021年12月，退役军人事务部发布《退役军人和其他优待对象优待证管理办法（试行）》，"中国退役军人"公众号的推送掀起全网关注热潮。宣传中心成立优待证报道专班，策划一图读懂、专访、深度解读、官方回应、独家评论、短视频等多样态全媒体系列产品，发布20余篇推文、8条短视频，全网阅读（播放）量突破9700万，总评论数突破15万条，其中单条短视频评论破3万条。"中国退役军人"全媒体矩阵在优待证宣传战役中，特别注重分平台分发精准化信息产品，以类型丰富的精品内容全面提升新闻舆论传播力、引导力、影响力、公信力。可视化政策解读——主播解密优待证系列短视频，一图读懂等原创海报；最新资讯——根据网友评论反馈，第一时间对发布优待证申领通知的省份进行更新公布；官方回应——专访曹俊司长，全面解读优待证诞生始末；独家评论——对初露矛头的舆论情况独家发布《老班长述评l优待证不是特权证》，这些高质量稿件，得到众多权威媒体和有影响力的军事自媒体的转发关注，让优待证的正向宣传较为精准地触达，营造了良好稳定的舆论环境。优待证相关内容全网阅读（播放）量突破9700万，总评论数突破15万条，其中单条短视频评论破3万条，实现了从"敢发声"到"会发声"，从"信息高地"到"观点高峰"的能力提升。

（三）"在韩中国人民志愿军烈士遗骸回国"宣传

2021年9月2日至3日，第八批在韩中国人民志愿军烈士遗骸被迎回祖国，并安葬在沈阳抗美援朝烈士陵园。围绕突出宣传这一退役军人事务部重大任务，宣传中心提前策划狠下功夫，设置议题强引领，自主宣传拼原创，首次实现"刊、网、微"一盘棋联动，首次联合人民日报、新华社、央视等9大平台推出主题策划，首次实现新媒体全网曝光量破25亿，首次实现"中国退役军人"自有矩阵阅读量过亿。这次宣传有效激发了社会各界缅怀英烈、崇尚英雄的共同情感，推动退役军人工作再次"破圈"，获得了全社会的广泛关注。特别值得一提的是，时任退役军人事务部部长孙绍骋致祭文独家视频一经发布，迅速登上新华网、抖音、快手等平台榜首，单条播放量超500万，数万网友留言"此祭文应该编入初中教材"。

为做好此次宣传工作，宣传中心迅速组成融媒体前方报道团队，后方组建工作专班全员备战，前后方有效联动，为打赢这场"战役"提供了组织保障。这次宣传工作能够取得良好成绩，主要体现在以下几个方面：

一是抓重点谋特点出新点，做实做细前期策划。在办公厅、褒扬司和烈保中心指导支持下，宣传中心与人民日报、中央广播电视总台国防军事频道作为获得独家消息的三家媒体单位，第一时间跟进相关工作的进展情况，做好前期预热、全程报道的策划方案。着力突出宣传退役军人事务部门在烈士遗骸回国工作中的主力作用，宣传中心保持筹备、迎回、安葬全流程宣传不间断，特别关注事件细节、挖掘背后故事，策划了深度原创报道、宣推海报、短视频、视频访谈、现场直击等类型融媒体产品，立体全方位展现退役

第八批在韩中国人民志愿军烈士遗骸迎回现场

军人事务部的工作。围绕"烈士后人现在怎么样？""回国烈士当年经历了什么？""揭秘在韩中国人民志愿军烈士'回家'之路"等推出一系列有深度有温度且独家权威的原创内容，采访有关单位负责同志的短视频"关于第八批在韩中国人民志愿军烈士遗骸回国，你最想知道的六个答案""'无名'变'有名'，揭秘烈士遗骸鉴定比对始末""为迎回烈士增添温度"等总播放量达280万；"声声入魂！抗美援朝老英雄们重读《谁是最可爱的人》"总播放量达250万。

二是重整合抓聚合促融合，提升宣传报道"时度效"。自承接部官网部分运营维护工作后，目前宣传中心已形成"一刊、一网、13个新媒体平台"的宣传矩阵，并在此次任务中首次实现联动，形成"新媒体首发、官网同步、杂志深度报道"的呈现格局。据统计，全网共分发相关内容达348条，其中原创图文内容27条、短视频28条、长视频作品2部、直播2场，总曝光量达25.5亿，"中国退役军人"新媒体矩阵阅读量达1.27亿，直播观看量达1500万人次。在迎回仪式的直播中，"中国退役军人"抖音号在线观看人数达70多万。部官网特别推出专题页面"英雄归来"，设置"要闻""接英雄回家""独家发

布""忆英雄故事""诵英烈故事""网友深情缅怀""媒体特别报道"等栏目，以图文、长视频、短视频等形式充分报道。《中国退役军人》杂志策划的"英雄归来"专题，围绕在韩中国人民志愿军烈士遗骸迎回安葬和鉴定工作，专访部内相关司、直属单位主要负责同志，探访沈阳抗美援朝烈士陵园，采访抗美援朝烈士亲属，采写了《让每一缕思念都有处安放》《回家的路有多远》等充满温情的文章，图文并茂记录了烈士遗骸《24小时归国全记录》，辅以《褒扬纪念是对烈士最温暖的告慰》评论员文章，将此次活动主题升华。

三是抢落点促落地重推广，借力"朋友圈"扩大影响。在制作优质原创内容基础上，"中国退役军人"新媒体矩阵首次联合新华网、学习强国、快手、抖音、今日头条、哔哩哔哩、知乎、腾讯新闻、百度等平台，进行精准化、分众化策划，在各平台首页推出"英雄回家""英雄归来"专题页面，通过开屏页面、榜首推荐、强势弹窗等，最大限度触及各平台用户。全平台总曝光量达25.5亿，其中，"中国退役军人"联合快手上线的"英雄回家"话题，人民日报、新华社、共青团中央等积极参与，共创作视频2753条，总播放量达9.2亿；联合新华网客户端、中部号角、东部战区、人民海军、我们的天空、

"第九批在韩中国人民志愿军烈士遗骸回国"主题宣传主视觉图

中国火箭军等十余个网络"大V"推出《英雄回家》短视频，中央网信办推介在全国各大主流平台置顶展示，仅微信朋友圈推广累计曝光达6.5亿次。此外，宣传中心前方报道组主动作为，联合沈阳抗美援朝烈士陵园发起"英雄·归来，想对英雄说"线下签名留言活动，广大市民纷纷来到纪念墙前写下寄语、敬献鲜花，表达对烈士的追思，线上线下宣传形成呼应。

四是抓协作重合作细运作，保障宣传报道顺畅高效。此次宣传工作取得显著成效，得益于各部门的团结协作、集中攻坚。部办公厅制定宣传报道总体方案，确定整体节奏和基调。主办司局和单位提供大量背景材料，并帮助做好迎回安葬现场采访、协调等工作，保证了独家报道的内容来源。宣传中心将此次报道作为一次"练兵"机会，派出融媒体报道组前往一线，根据前期策划内容需要，采访、拍摄大量一手文字、图片、视频素材，随时传回，后方加急编辑，制作各类宣传产品，前后方紧密配合，有力有序保障各项宣传出新出彩。

2022年9月，退役军人事务部组织迎回第九批在韩中国人民志愿军烈士遗骸活动。根据2021年工作经验，宣传中心组织前方报道团队，做好前期预热、全程报道的策划方案，保持筹备、迎回、安葬全流程宣传不间断，推出深度原创报道、宣推海报、短视频、视频访谈、现场直击等类型融媒体产品。2022年10月，《中国退役军人》杂志开设第九批在韩中国人民志愿军烈士遗骸回国大容量专栏，在杂志重要位置刊发部长致祭文及注释，邀请褒扬纪念司、烈保中心负责同志介绍第九批在韩中国人民志愿军烈士遗骸迎回情况及遗骸遗物比对等相关工作的最新进展，撰写全景综述性文章讲述交接安葬活动背后的故事，推出《呼吸英雄的气息》《谜一样的爷爷》《他的生命仍停留在32岁》《从归国到回家，烈士遗骸身份确认全过程》等系列报道，并配发言论《不忘本来才能开辟未来》致敬先烈，弘扬英雄精神。9月14日至17日，全网推出"山河锦绣 英雄归来"系列主题宣传活动。其中72小时不间断直播，以"中国退役军人"全媒体矩阵平台为主线，人民日报、新华社、人民网、新华网、央视网、海外网等百余家媒体矩阵同步直播，全网破亿人次观看；学习强国等平台置顶，快手、抖音开屏推荐，在社会化平台的共同助力下，《魂兮归来，嘉名孔彰！让我们一起为志愿军烈士诵读悼念词》等相关独家图文、视频、海报等内容多次登上各平台热搜榜榜首，相关话题阅读量突破35亿。人民网、新华网等百余家媒体对活动进行报道。《山河锦绣 英雄归来——迎接第九批在韩中国人民志愿军烈士遗骸回国72小时大型主题直播活动》获评2022年中国正能量网络精品征集展播活动"网络正能量主题活动"。

2023年11月23日至24日，第十批在韩中国人民志愿军烈士遗骸回国之际，中心在《中国退役军人》杂志推出"山川同念 英雄回家"专栏，刊登综述文章《十年回家路》，对我国十批迎回工作进行系统梳理回顾，多角度全景式呈现十年迎回安葬工作成果及深远影响；专访褒扬纪念司、烈士纪念设施保护中心负责同志，介绍志愿军烈士遗骸管理保护、烈士寻亲等工作的最新进展；推出人物群像稿件《他们，从抗美援朝的烽火中走来》，以真实可感的抗美援朝亲历者口述历史形式，激励后人不忘这场伟大的"立国之战"。同时，重点推出"山川同念 英雄回家"70小时不间断主题直播活动，"中国退役军人"各媒体平台围绕直播进行多形式宣发，以全媒体平台的矩阵传播优势，将各个内容送上热搜，再一次让"中国退役军人"成功出圈。是什么让直播在短时间内获得全网关注？一是注重细节原创，让内容可知可感。第十批在韩中国人民志愿军烈士遗骸归国时间确定后，"中国退役军人"全媒体矩阵第一时间发布相关进展，回应了全国人民期待。邀请主流媒体、知名专家、军事博主

2023年11月23日，第十批在韩中国人民志愿军烈士遗骸迎回仪式现场。曹舒昊 摄

2023 年 11 月 24 日上午，第十批在韩中国人民志愿军烈士遗骸安葬仪式在沈阳抗美援朝烈士陵园举行。陈建辰 摄

等参与互动，带动全网共迎英雄回家。直播在重视故事化展现的同时更加注重细节呈现，力求让历史以更具象化的方式呈现在观众面前。观众可以通过遗物上的刻字、家书上的笔迹体会战争的残酷和英雄的无畏。为了让内容更加丰富，宣传中心团队前往老英雄家、礼兵训练场等地挖掘原创素材，原创内容不仅在直播中感动着观众，凭此制作的短视频内容短小、精悍、新颖，也无一例外登上热榜，成为爆款。二是探索媒介融合，发出更大声量。整合资源，注重传播高度。本次活动在形式、内容及合作平台的选择上更具针对性。罗援等五位红色云讲师能辐射到军人军迷；全国点亮大屏，辐射当地市民；与中国日报新媒体、快手平台共创的长图条漫，吸引快手平台忠实用户，也成为出色的外宣展示；人民日报、新华社等媒体平台联合直播，更是把活动推到全国网民面前。形式互补，推高传播热度。这次宣传高度重视短视频传播，将直播亮点内容即时制作成短视频发布，形成直播持续输出、短视频

引爆热点的效果，十余条短视频在各平台登上热榜，为直播成功引流。延展内容，拓宽传播广度。宣传中心重磅推出《1950，跨过鸭绿江》73集抗美援朝老兵口述历史微纪录片，部分内容在直播中展现。从直播到纪录片的延展打破宣传时长的限制，让老兵口述历史的宝贵财富在直播结束后仍有展现平台和传播空间。三是社会力量参与，凝聚全民共识。双屏互动，引发社会广泛关注。宣传中心联合人民日报，利用全国1.3万块数字传播屏和多地室内外

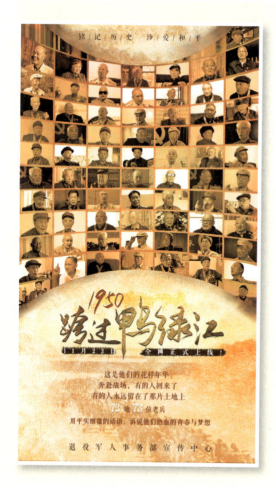

《1950，跨过鸭绿江》
73集抗美援朝老兵口述
历史微纪录片海报

大屏开展点亮行动。大屏拓展小屏传播力，小屏丰富大屏宣传内容，让更多市民获悉烈士遗骸回国的消息，了解那段血与火的岁月。媒体聚力，尊崇英烈成为共识。宣传中心主动联动社会媒体加入宣传阵营，百余家媒体共同直播，并不断将直播内容二次传播，以滴水成海之势推动全社会，尤其是青少年群体对英烈的关注，让尊崇成为共识。祭文诵读，助推英烈精神传承。退役军人事务部部长诵读祭文再次引发全网关注，报道组第一时间制作并发布现场祭文诵读及各地跟读视频进行引导。在两天内，各社交平台涌现出大量诵读视频，也有人抄写祭文全文，用不同方式感受英烈精神，表达心中敬意。

二、主题宣传：设置议题，重拳出击

（一）庆祝建党百年宣传

从时间节点看，宣传中心成立于全党全国迎接庆祝中国共产党成立100周年的热潮之中。在全党全国的爱党爱国大合唱中，新成立的宣传中心需要找到自己的独特声部，让退役军人故事和退役军人工作故事更多更好地进入人们视线、引发人们共鸣。盛事当前，这是一项"大考"，也是一块"试金石"。

在《中国退役军人》2021年第3期上，以"探访建党百年地标"和"老兵访谈"两个系列报道构设的"奋斗百年路 启航新征程"主题策划盛装登场。"奋斗百年路 启航新征程"是中宣部统一组织的隆重庆祝建党百年的重磅行动，这一大型活动也成为全国各条战线、各大媒体争奇斗艳的集中作业平台。跻身这一集中作业平台，新成立的宣传中心拿出的两个拳头产品找到了区别度、找准了发力点，各有其特色。"探访建党百年地标"系列报道中，"中国退役军人"融媒体报道组走进上海龙华烈士陵园、古田会议及旧址群、中国人民抗日战争纪念馆、抗美援朝纪念馆，聚焦展示百年地标所承载的英烈精

荣光之路　军创英雄汇　荣光行动　英雄归来　为烈士献花　军魂永不褪色

退役军人招聘行动　书刊出版　娱乐综艺·歌会·露营　品牌孵化　国防教育·基地

大牌明星·影视制作　军营探访　全网直播·顶流热搜　软件研发·自办发行

军属·军娃·军嫂　户外运动·体育竞赛　基层走访·公益捐赠　双拥城市·文化·旅游

美食之旅·饕餮盛宴　文创周边·潮玩礼包　医疗护肤·健康养老　边防·海防

退役军人事务部宣传中心重点宣传品牌

神和人民群众纪念、尊崇英烈的历史传承，展示各地退役军人事务局利用红色资源、传承红色基因的重要举措，宣传退役军人工作在改革重塑中砥砺奋进取得的丰硕成果，用独家视角讲出了独家故事、发出了应发出的独家声音。"老兵访谈"运用各地通讯员队伍力量，大量挖掘了退役军人优秀代表—朝戎装在身、红心永远向党的生动故事，为建党百年贡献了优秀退役军人群像。

宣传中心庆祝建党百年的献礼之作，是《中国退役军人》杂志特刊。特刊打破以往栏目划分，从主题思想、内容设置到版式设计、图文细节等方面全方位提升。一是直击现场，采用大量一手采编资料。特刊的封面和封底照片皆选用宣传中心前方报道组在庆祝中国共产党成立100周年活动现场拍摄的一手照片，杂志内文刊登独家报道《党的光辉、永远照我心》《我和我们的党》等文章，并现场采访参加系列庆祝活动的部分军队老英模、烈士及因公牺牲人员遗属、全国优抚对象，拍摄大量影像资料，充实退役军人事务部宣传资源库，也充分展现了宣传中心同志"一专多能"、能担重担的专业素养。二是特别策划，刻画退役军人工作全貌。特刊推出长篇述评《穿越百年的尊崇之光》，首次全面回顾退役军人工作的发展历程；以"坚实脚步"为引领，概述党的十八大以来，特别是退役军人事务部成立后各项工作取得的明显成效；以"探索创新"为切入，突出地方退役军人事务部门的工作实效；通过高清大图、以"时代楷模""最美退役军人""全国模范退役军人"等退役军人先进典型为代表，彰显新时代退役军人风采；接续相传薪火，以时代为线，串联不同时期普通退役军人的奋斗人生。三是守正创新，加强视觉设计耳目一新。特别推出的"百名老兵　向党报到"栏目，首次采用拉页照片墙形式，用6个版面通版展示百位老兵向党敬礼，大幅提升杂志的视觉冲击力，此项创新设计赢得了读者的广泛赞誉，不少读者发来微信，称赞该栏目"设计新颖、大气磅礴"。特刊还加强对细节的把控，对相关素材优中选优，以期打造成具有收藏价值、史料价值的高品质出版物，如将建党百年的元素巧妙化入版式设计，专门设计具有纪念意义的栏目标识等。四是联动宣传，助力优质内容传播。"中国退役军人"新媒体矩阵充分发挥传播速度快、覆盖面广、互动性强的特点，和建党百年特刊实现整体联动，将"七一"系列宣传推向高潮。6月30日，微信公众号发布消息《100年，我是老兵，向党报到！》，以海报形式展示28位老兵敬礼照片，为特刊发行提前预热。7月1日，微信公众号发布《100年，退役军人工作者向党汇报！》消息，阅读量可观。7月16日，微信公众号以新颖的长图形式向公众号用户推荐建党百年特刊。7月17日，中国期刊协会官方微信公众号"期刊强国"推出《全国期刊建党百年专题巡礼（二）》，对《中国退役军人》建党百年特刊重点推介。

（二）"荣光之路"大型融媒体采访调研活动

主动谋篇方能破局立新，善于创意才能打造精品。宣传中心加强选题策划与创意孵化，主动策划、精心烹饪相关议题，创新宣传形式、加强外部合作，通过主动策划打响宣传主动仗。

习近平总书记深刻指出，好的新闻报道，要靠好的作风文风来完成，靠好的脚力、眼力、脑力、笔力得来。他强调，党的新闻工作者要把实践和基层当作最好的课堂，把群众当作最好的老师，俯下身、沉下心，察实情、说实话、动真情。2021年4月，在迎接中国共产党建党100周年、退役军人事务部成立3周年的时间节点上，宣传中心经过精心谋划，大刀阔斧策划推出"荣光之路"大型融媒体采访调研活动。"荣光之路"集中中心精兵强将、盘活矩阵资源，创设了"一场大型直播+一篇重磅厅长访谈+多篇实地探访文章+系列短视频"的基本模式。由宣传中心记者组成融媒体报道组，每月重点深入一个省份，全方位展现先进工作经验、讲好典型故事，彰显全社会对军人职业的尊崇、对退役军人的尊重，为退役军人工作发展营造良好舆论氛围，助力退役军人工作高质量发展。

"荣光之路"第一站选在山东，宣传中心新媒体矩阵首次携手人民网、央视频、腾讯新闻等20余家网络平台，线上直播近3小时，通过记者探访、群众体验、主人公讲述等形式，切换11个直播场景，多角度展示山东退役军人工作的成果。直播活动还以"荣军热点+城市地标+网络红人"的嘉宾阵容，与网友在线互动，吸引近1000万网友在线"打卡"，点赞300余万次，快速提升了宣传中心新媒体矩阵的影响力和覆盖面，也极大锻炼了宣传中心同志的采、编业务能力，提高了脚力、眼力、脑力、笔力，培塑好的作风文风，打造一支政治过硬、本领高强、求实创新、能打胜仗的宣传思想工作队伍。一批"沾泥土""带露珠""冒热气"的优秀报道在行走基层中涌现，"在路上心里才有时代，在基层心里才有群众，在现场心里才有感动"也在高强度集团作战中进一步凝聚成为中心采编人员的共识。

2021年"八一"前夕，"荣光之路"报道组来到"军旗升起的地方"、被誉为"共和国的摇篮"的江西，进行"荣光之路·江西行"大型融媒体实地采访调研活动。着眼"双拥"主题，推出《迈步新长征 让尊崇落地有声》《替烈士看爹娘 为烈属办实事》《千行百业共筑社会化拥军新格局》《点赞！新长征退役军人志愿服务队》《引领就业创业新格局》等报道，全方位展现了江西退役军人事务系统利用丰富的红色资源、传承红色基因、弘扬革命精神，

2021年4月中旬，退役军人事务部宣传中心"荣光之路"融媒体采访调研组首站来到山东。图为现场合照。曹舒昊 摄

2022年1月，退役军人事务部宣传中心"荣光之路"融媒体采访调研组走进四川。图为宣传中心副主任倪光辉专访四川省退役军人事务厅党组书记、厅长鞠波。

"高质量发展调研行"活动宣传主视觉图

做好"尊崇"文章的经验做法。

2021年,"荣光之路"先后走进山东、广东、上海、江西、辽宁、安徽、广西等省(区、市),为各地工作深度画像、全景画像、高光画像。2022年,在"荣光之路"的基础上,启动"追光之旅·走边海防"等活动,邀请各媒体平台一同见证优秀退役军人重回老部队、优秀军创企业家走进边关哨所等暖心时刻,让退役军人相关报道往深里走、向实里走、往心里走,让媒体设身处地感受退役军人的精神世界。2023年,宣传中心在原"荣光之路"品牌活动基础上,升级开展"高质量发展调研行"活动,截至2023年9月,已经走进浙江、江苏、山东、广西、内蒙古、陕西等省,调研报道各地退役军人工作提质增效、善作善成的创新实践。

(三)各大节日、纪念日宣传

在"七一""八一"、烈士纪念日、清明节、春节等关键时间节点,宣传中心准确掌握受众需求,精准策划宣传选题,巧用新媒体,多个产品精彩"破圈"。2021年7月28日,"中国退役军人"全媒体矩阵便启动"八一"集中宣传。权威直播退役军人事务部新闻发布会、"老兵永远跟党走"中外记者见面会,独家发布"最美拥军人物"专访,聚力推送话剧《兵心》宣传视频,原创生产《凭什么中国军人优先,这就是答案!》混剪视频,与人民日报等合作推出《中国军队是这样的》《你，为什么参军》《又是他！！》等新媒体产品。至当年8月20日，累计推出相关图文报道25条、短视频40条、长视频作品3部、直播2场，多个宣传精品在"八一"当天登上抖音、快手、人民网、新华网、学习强国、哔哩哔哩、喜马拉雅、腾讯新闻等平台的首页及热榜推荐。"八一"新媒体产品全网总触达量达11亿，其中抖音平台播放量达3000万，快手平台播放量达7000万。

2023年元旦前后，宣传中心联合角屿岛哨所、苏海图哨所，与共青团中央、快手推出"陪你卫国戍边"跨年慢直播，"多少年，你为我们遮风挡雨；跨年夜，我们陪你卫国戍边。2023年的第一缕阳光，我们陪你一起看"的号召受到网友强烈支持，全网观看达1.13亿人次。2023年春节期间，集结更强力量实现主题宣传再出发，联动边防哨所战士、抗美援朝老英雄、军嫂、军娃、"最美退役军人"代表等，连续9天不间断发布系列祝福视频，总浏览量超4200万。

慢直播是近年来新兴的一种网络传播形态，因真实性、代入感强，把更

退役军人事务部组织创作的首部退役军人题材话剧《兵心》现场剧照

多主动权、参与权交给网友而备受欢迎。2022年清明节，受新冠肺炎疫情影响，线下的英烈纪念活动难以广泛开展。为积极引导社会各界，尤其是退役军人及青少年学习、传承、发扬红色基因和先烈精神，营造崇尚英烈、学习英烈的浓厚氛围，宣传中心主动策划、积极联合共青团中央宣传部、全国少工委办公室于4月5日开展"清明祭英烈"12小时慢直播活动，"中国退役军人"全媒体矩阵牵头，联动@共青团中央、@新华社、@人民日报、@国资小新、@中国森林消防及多地媒体矩阵同步在"学习强国"学习平台、快手、微信视频号、抖音、央视频、哔哩哔哩、微博等125个平台播出。直播活动从早7点到晚7点，期间网友随时可进入直播间，留言致敬。该场慢直播刷屏全网，累计观看人次超过3600万，累计为先烈云献花人次超过8000万。网友称此次慢直播是"一堂生动深刻的国防教育课"，央视新闻《朝闻天下》节目4月5日当天报道，《中国青年报》4月7日整版报道。直播当日相关内容数次登上全网热搜榜榜首。

"中国退役军人"联合共青团中央推送的"清明祭英烈"宣传海报

参与直播活动的17地英烈纪念设施主要分布在15个省（区、市），从西藏自治区拉萨烈士陵园到广东省广州起义烈士陵园，从全国安葬红军烈士最多规模最大的川陕革命根据地红军烈士陵园到方志敏家乡的江西弋阳烈士陵园，通过多机位、多角度展现土地革命时期、抗日战争、解放战争、抗美援朝、和平年代等不同时期的英雄烈士纪念设施和英烈故事。在直播内容呈现上，网友可以隔空来到浙江安贤陵园内"海空卫士"王伟烈士墓前，由"中国退役军人"战友们留言汇聚成歼-20画报令人泪目；福建屏南县革命烈士陵园内，戍边英雄陈祥榕烈士的墓前摆上了他爱吃的橘子，纸条上写着"桔子哥哥，吃桔子，甜甜的"；江苏镇江市镇江烈士陵园内，一位少先队员轻轻读着为烈士手写的信；西藏昌都怒江大桥上，数千万网友与一辆辆鸣笛的入藏车辆一起，向在筑路架桥过程中牺牲的英雄先辈们郑重致敬。

"中国退役军人"公众号"祖国的界碑　永远不会忘记"主题宣传中，"卫国戍边英雄官兵"相关海报

直播中，来自全国各地的留言刷屏："我是一名退役战士，祖国需要时，必须'返航'""渭南市临渭区北塘实验小学4（1）班王子芊向英雄致敬""这

场慢直播给我们上了一堂生动深刻的爱国主义教育课"……武汉大学硕士研究生马雨聪写到，在陈祥榕的身上，她看到了用生命铸就的最为纯粹的初心，"这场直播让我深深感受到，英雄精神薪火相传，'最可爱的人'一直都在"。看完直播，广西玉林市玉东小学宋佳颖心情久久不能平静，她表示，时间或许会冲淡记忆，但永远不能忘记历史，我们少先队员要传承红色基因，争做有担当的时代新人！

对纪念性活动的精心策划，在退役军人宣传工作中得到越来越多和越来越精彩的实践。为纪念双拥运动80周年，宣传中心策划推出"你好，双拥模范城"全媒体宣传活动，在山西太原举行启动仪式，激发了全系统双拥工作热情。围绕全国退役军人事务厅（局）长会议、退役军人事务部建部五周年等重要会议和节点，推出综述、述评、图文、短视频等全媒体产品，立体呈现退役军人工作在思想政治引领、权益保障、就业创业、拥军优抚、褒扬纪

2023年7月30日，"你好，双拥模范城"全媒体宣传活动宁夏吴忠站点亮仪式举行。退役军人事务部党组成员、副部长马飞雄出席仪式。

2023 年 4 月，宣传中心记者前往浙江绍兴，采访当地退役军人工作和双拥工作。

念等方面的工作成果。在建部五周年报道中，"中国退役军人"全媒体平台共发布公众号推文 7 篇、短视频 4 条，浏览量共计 2490.9 万，点赞达 35 万次，评论区互动量高达 27 万条。

三、典型报道：浓墨重彩书写老兵新传

（一）新时代卫国戍边英雄群体宣传

崇尚英雄才会产生英雄，争做英雄才能英雄辈出。裴金佳部长在《中国退役军人》杂志 2023 年第一期卷首语发表的《深入学习贯彻党的二十大精神，全面推进新时代新征程退役军人工作高质量发展》一文中，把"加大退役军人典型挖掘、培养、宣传力度，褒扬彰显退役军人为党、国家和人民牺牲奉献的精神风范和价值导向"作为全面推进新时代新征程退役军人工作高质量发展的重点工作之一。宣传中心立足退役军人宣传主位，把宣传英雄的使命扛在肩上，把弘扬典型的责任刻在心头，通过多种形式传播英雄故事、褒扬典型人物、传承英模精神，推动全社会形成见贤思齐、崇尚英雄、争当先锋

的良好氛围，助力全社会培塑捍卫英雄、学习英雄、关爱英雄的社会共识。典型宣传的笔触，既对准了扎根一线、卫国戍边的英雄群体，也对准了默默无闻、甘于奉献的平凡英雄，将他们的过硬事迹、高尚精神、出色贡献谱写为一曲曲时代之歌。

2021年2月20日22时，反映对新时代卫国戍边英雄群体四位戍边烈士遗属优待抚恤的文章《首次公布！四位戍边烈士遗属优待抚恤细节》《请烈士安息，我们会照顾好您的家人》在中国退役军人公众号、退役军人事务部官方微信首发。随后，人民日报客户端首页置顶，人民日报微博、微信和人民网微信转发，2小时内冲上今日头条、新浪微博、腾讯新闻、微信话题、百度、抖音、快手等平台热搜榜首，先后有人民网、新华网、光明网、中国军网、国防部网、环球网、海外网、解放军报、央视新闻、央视军事、环球时报等百余家主流媒体网站和腾讯、搜狐、网易、凤凰、澎湃等30多家商业平台跟进转载，话题受到不同受众群体关注，许多流量大V转发。据不完全统计，仅发布当天，此文在各渠道平台点击量突破1000万次，点赞30万余次；截至22日22时，两天时间全网访问量突破6亿人次，点赞量超2000万次。话题在各媒体网端微各平台刷屏，许多网友看后深受感动，纷纷留言："不赞网红不赞星，只赞人民子弟兵""这么大国家，善待几名烈士几何？为各级的努力付出点赞，退役军人事务部做得好""烈士保家卫国流血牺牲，政府高调优抚，赞！""大中国就是有人情味，一定得好好照顾烈士家人，让烈士安心长眠！告诫自己没什么值得抱怨的，教育好儿女，好好生活认真做人，长大报效祖国！""国家如此尊崇军人，我要让孩子继续戍守边关保家卫国！"军委政工部网络局和中央网信办传播局相关同志表示，退役军人事务部及时主动发布四位戍边烈士遗属优待抚恤细节，传递出国家对烈士和烈属的高度重视关心关怀关爱，有效引导了社会舆论。中国传媒大学新闻传播教授王灿发表示，数据表明该新闻已经成为现象级传播事件，官方主动设置议题，叠加传播引发"破圈效应"，使以往不太为人所知晓的优待抚恤工作进入公众视野，从而对退役军人工作有了新的认知。接连数日，"中国退役军人"公众号先后推出的《大好河山，寸土不让！请记住这5位戍边英雄的名字！》《亵渎英烈，刑拘！》《首次公布！四位戍边烈士遗属优待抚恤细节》等系列报道不断激发公众广泛、持续的爱国热情。

（二）先进典型、新闻人物的动态挖掘宣传

2022年6月4日，贵阳机务段动车司机杨勇值乘贵阳北至广州南的D2809次列车，行驶至榕江站进站前的月寨隧道内，发现线路异常，5秒钟内采取了紧急制动措施，列车撞上突发坍塌侵入线路的泥石流，滑行900多米后在榕江站脱线，杨勇同志光荣殉职。6月5日晚，"中国退役军人"微信公众号披露：殉职的列车司机杨勇是一名武警退役士兵，在贵州省退役军人事务厅的帮助下，由"中国退役军人"公众号首发《D2809殉职司机杨勇战友，一路走好！》一文，公布了杨勇的退役军人身份，一时间300余家媒体转发，次日央视军事推送深度采写进一步生动了杨勇形象，实现政务新媒体和主流媒体的有效联动。

2022年6月22日，河南省退役军人事务厅联合宣传中心策划宣传报道商丘为现役军人刘洋立功受奖送喜报的活动，其报道23日在"中国退役军人"公众号发布后，一周内相继被人民日报、人民网、新华社、央视新闻、央视军事等多家国家级媒体公众号转发，抖音、快手、网易、腾讯等多家新媒体客户端有关视频点击量累计破300万，点赞278万，评论达到8万条，转发量10万+，受到全国网友广泛赞誉。而后央视七套、《中国国防报》《中国青年报》等多家国家和省级主流媒体纷纷约稿，成为典型人物宣传工作中的一个亮点。

重庆市退役军人事务局建立重庆退役军人先进人物、先进事迹素材库，在日常工作中注重选树，在宣传工作中深入挖掘。全国"最美退役军人"谢彬蓉先进事迹、"一等功臣"蒋诚事迹、燕湾小区退役军人志愿服务等在《中

国退役军人》杂志上刊发，展示了重庆退役军人的正能量，树立了重庆退役军人的良好形象。广东省退役军人事务厅微信公众号"战友故事""兵支书"连续报道169位典型退役军人，其中钟立钊、莫浩棠、李裕壮等被解放军报、中国军网报道16次，全国最美退役军人刘清伟被部官微、中国军网、CCTV-7、CCTV-10等多家媒体报道。

除此之外，宣传中心还借助荣誉颁授仪式、表彰大会等一系列典型宣传活动广泛宣扬先进典型的事迹和精神，积极在全社会树立鲜明的崇尚英雄导向，在全社会树立关爱英雄的良好风尚，让先进典型在各自战位上奋斗出彩的故事口口相传，遍布全社会各个角落，让人们真切地感受到英雄就在身边、典型就在身边，感受到典型们的事迹可学可做，英雄们的精神可追可及。一点一滴的努力凝聚了学习典型的传播合力，壮大了崇尚英雄的主流舆论。

四、延伸服务：整合资源，搭建平台

（一）以"军创英雄汇"直播为代表的线上助力退役军人群体创新创业

随着我军构建新时代军人荣誉体系工作驶入"快车道"，多种政策制度破旧立新、密集出台，一系列惠军举措不断涌现、落地见效。退役军人工作宣传平台同时也是广大退役军人和优抚对象的重要服务平台。宣传中心不仅生产用户想看爱看的内容，更建立起了一个畅通无阻、功能齐全的综合性服务平台。为此，宣传中心充分发挥服务受众、服务用户功能，关注退役军人，为退役军人解决难事、实事。同时坚持宣传工作与退役军人整体工作同频共振，围绕就业创业、优抚褒扬、权益维护、服务保障等业务领域深挖做法经验，围绕优待证发放、退役士兵保险接续、"兵支书"助力乡村振兴、退役军人保障法等重点工作突出专题宣传，让宣传工作在服务中体现价值，在互动中提升形象，持续焕发活力。

2021年，宣传中心在就业创业司指导下，策划"就业榜样""创业先锋"等专栏，报道先进典型，并就就业创业政策进行解读。退役季，"中国退役军人"新媒体矩阵宣传策划《一声到，一生到》政策服务专栏，梳理退役返乡、保险接续、就业保障等政策。

2022年，宣传中心坚持聚力搭建退役军人服务新载体，致力于为退役军人提供服务性更强、更为实用的内容。春季是企业开工招聘旺季，也是返工复岗高峰。但是，因为疫情防控形势严峻复杂，线下专场招聘会不能如期举行，工厂停工减产，很多战友在"中国退役军人"公众号后台留言，希望看到本地招聘机会。宣传中心充分发挥新媒体传播优势，依托于快手平台"快招工"直播带岗专项计划，联合各地退役军人事务部门于4月11日起（每周一晚）19：00推出"军创英雄汇"退役军人春招行动系列直播活动，累计观看人次2855万，帮助1.5万余名老兵找工作。网友纷纷在直播间刷屏"暖心""感谢"，大家认为春招行动为退役军人找工作树立信心的同时，也在企业中掀起"比学赶超"的招聘氛围，产生了良好社会舆论影响，给退役军人创造了更多高质量就业的机会。为保证直播带岗对退役军人切实有效，宣传中心在这些方面做好细致工作：一是精准提升岗位质量，针对老兵找工作的痛点，直播团队专门从知名企业（碧桂园、双汇、比亚迪等）、大型军创企业（牧原、永贵等）中筛选工程师、销售专员、合伙人、储备干部等多种优质岗位，并将学历及年龄适当放宽。二是投递方式简单明了，以往招聘网站投递入口复杂，此次直播活动充分利用快手找工作"一键下单"报名功能，简单快捷实现与企业的高效互选。三是反馈速度及时有效，在直播过程中主播实时为战友解答企业信息、岗位信息、招聘要求等提问，要求各企业根据需要第一时间对接投递人，并在直播结束三天内给出求职反馈。2022年4月12日，浙江省副省长王文序在浙江省退役军人事务厅"优待证申领发放工作和拥军支前有关工作"汇报会中，听到"军创英雄汇"退役军人春招行动直播时表示，这项工作做得很真实、很有意义，既是浙江专场，又是系统首场，下一步要把后续工作做好，实现招聘工作闭环。这样的形式还要多组织，让退役军人有事做有工作，为二十大召开营造良好的社会稳定环境。作为辅助，宣传中心还乘势追击、趁热打铁，推出"军创英雄汇·全国退役军人企业家线上圆桌会"全媒体系列访谈节目，针对就业难、返岗难、用工难等话题，深入外贸、服务、餐饮等领域，超百万人线上参会。推出"创业光荣榜企业家线上交流会"，为退役军人企业家提供总结经验、相互交流、展望未来的平台。

2023年，中心联合多地退役军人事务部门、优质社会企业、军创企业以及快手、抖音、国聘等平台，持续推出"军创英雄汇"退役军人招聘行动，上半年共举行12场专场，收到退役军人投递简历5.2万余份。举办退役军人企业家线上交流会，邀请20余位创业光荣榜企业家进行线上交流，推出"荣光之路"2023发展问答系列策划，继续服务退役军人就业创业。

（二）丰富多样的线下活动持续产生社会反响

（1）在首届全国退役军人创业创新展交会上，宣传中心牵头举办"军创英雄汇"退役军人创业创新发展圆桌会，分享经验做法、解读政策机遇、展望发展前景，全媒体矩阵进行全程直播。

（2）为纪念双拥运动80周年，宣传中心策划推出"你好，双拥模范城"全媒体宣传活动，在山西太原举行启动仪式，活动激发了全系统双拥工作热情，目前正在策划走进新疆阿克苏、宁夏吴忠、内蒙古包头等地。

（3）"八一云歌会"，连续两年以颇具网感的线上形式开展，厚植广大群众，特别是青少年家国情怀、进取品格，通过线上线下共同唱响青春之歌、火热军歌，在全社会营造尊军崇军的浓厚氛围，唱响正能量。

（4）策划、编辑、出版图书《创业兵法》和《创业韬略》，收录了110多位全国退役军人创业光荣榜典型的创业故事，成为退役军人创业指导工具书。

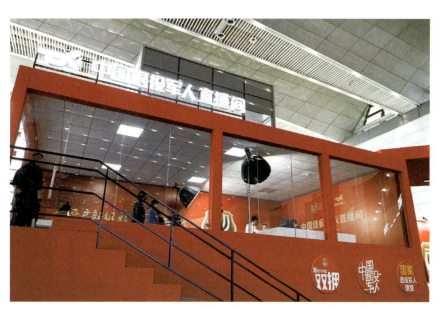

2023年3月30日至4月1日，首届全国退役军人创业创新成果展交会在陕西西安举行。"中国退役军人"在现场设置直播间，对活动进行直播报道。

2023年9月24日，首届退役军人事务领域网络正能量人士圆桌派活动在宁夏银川举办。图为活动工作人员合照。

2023 年 3 月 30 日至 4 月 1 日，首届全国退役军人创业创新成果展交会在陕西西安举行。展交会期间，还举办了全国退役军人创业创新发展圆桌会。

（5）首次举行线下观影活动，联动阿里影业举办《长空之王》"中国退役军人"专场，邀请导演到场分享背后的故事，观影现场一等功臣、现役军人、军属、退役大学生士兵等观众代表分享了自己的故事和感受。

（6）开展"追光之旅·走边海防"活动，组织记者编辑、部分省（市）退役军人事务厅（局）负责同志前往新疆喀什、阿克苏采访调研，慰问当地驻军部队。

（7）为更好服务全国军休干部，激发军休工作新活力，联合军休服务管理司举办2023年全国军休干部歌唱评比活动，活动在退役军人事务部官网及"中国退役军人"微信公众号等平台进行评比、展播。

2023 年 7 月 28 日晚，全国军队离退休干部歌唱风采展示活动颁奖仪式现场

2021 年 7 月 31 日晚 8 点 01 分，退役军人事务部宣传中心联合各地退役军人事务厅（局）、多支现役部队、各大高校、百余家单位及媒体平台共同推出"军魂永不褪色——庆祝中国人民解放军建军 95 周年战友云歌会"直播活动。

2023 年 8 月，退役军人事务部宣传中心慰问驻喀某部队。

2023 年 7 月，退役军人事务部西藏拥军走边防活动。

第四章
构建大格局，打造全生态

习近平总书记反复强调，要树立大宣传的工作理念，动员各条战线各个部门一起来做，把宣传思想工作同各个领域的行政管理、行业管理、社会管理更加紧密地结合起来。十九大以来，退役军人事务组织管理体系、工作运行体系、政策制度体系基本建成，也就形成了退役军人工作"大宣传"的组织基础、力量基础和制度基础。退役军人事务部宣传中心作为专职负责退役军人宣传工作的部直属事业单位，其发起的宣传战役、提出的宣传策划、做出的宣传示范、开展的队伍培训等，极大地、系统地推动地方各级退役军人事务部门齐头并进组织宣传、上下联动实施宣传。同时，在党和国家井然有序的传媒大阵中，退役军人和退役军人工作有了宣传中心这方专司专务的"营盘"，就能够传英雄帖、发集结令、吹冲锋号，成为各级媒体积极参与退役军人和退役军人工作宣传的动员者、组织者、推动者。

一、地方各级宣传工作的开拓创新、跨越发展

万紫千红总是春。三年来，宣传中心的积极进取带动了各地各级退役军人工作主管部门在宣传工作上的开拓创新、跨越发展。放眼大江南北，宣传工作成为各地退役军人服务保障工作中的亮点。各级退役军人事务部门在宣传工作中的内容、形式、载体等探索创新，汇聚成一股蓬勃力量，都保持"唱响主旋律、弘扬正能量"的方向感，都坚守权威性与专业性相辅相成的原则，在引导广大退役军人成为巩固党长期执政的可靠力量和经济社会发展的重要力量、激励退役军人工作者奋力推进退役军人工作、浓厚尊崇军人职业、尊重退役军人的社会氛围等方面发挥显著作用，上下一体，让官方声音占据了舆论"制高点"。

山东省退役军人事务厅依托省内主流融媒体平台，开设"山东省退役军人就业创业大讲堂"政策直播，并利用省厅官网、官微等，搭建面向退役军

人的信息直通车。山东省退役军人事务厅会同山东电视台举办"走在前开新局"山东省退役军人服务保障工作大型融媒直播,邀请省级媒体记者担任"服务保障体验官"走进全省16市,全方位挖掘创新经验、基层首创和典型案例,截至目前已面对面采访142位退役军人,累计播放量超过1300万次。着力抓好《退役军人事务部关于加强退役军人事务新闻宣传工作的意见》贯彻落实,印发《山东省退役军人事务厅新闻宣传管理办法》,加强各市统筹,形成宣传集束效应。对各市、各业务处室及时调度,强化新闻宣传与业务工作同步部署的新闻宣传理念,按照时间节点同步抓好宣传工作落实。建立宣传稿件集中展示、宣传成果赋分统计的机制,提高系统内媒体在宣传工作赋分统计中的权重,充分调动全系统提供新闻线索和报道素材,通过多平台讲好山东退役军人故事。

江苏省退役军人事务厅以钉钉子精神,持续发力打造"戎耀"品牌,聚焦"戎耀今生"策划开展了一系列主题宣传活动。在江苏省退役军人事务厅官方微信公众号,"戎耀"系列栏目各有针对、特色布局:"戎耀传真"聚焦一线工作动态,短、平、快报道省退役军人工作领域新做法、新成效、新经验;"戎耀故事"关注退役军人好人好事和退役军人服务保障新人新事,以鲜活见长,以感人取胜;"戎耀论坛"精心推出高质量网评,为省市退役军人工作系统提供立言发声平台;"戎耀影像"主打短视频,来生动、形象地介绍政策、实施引导;等等。宣传引导与中心工作深入融合,退役军人工作在省域范围内的知晓度和美誉度明显提升。江苏退役军人党员"微党课"授课竞赛获600万人次线上线下收视收听,最美退役军人、最美拥军人物评选活动有百余万人次参与投票等活动,典型人物的引领示范作用充分彰显。《退役军人保障法》网络答题有近百万人次参与竞答。

广东省退役军人事务厅坚持每年初召开媒体座谈会、制定年度宣传计划,推出"培树志愿服务、广东军创、全链条服务、应急救助、金融惠军、党员结对帮扶"六大品牌，持续加强与人民日报、新华社、中央电视台等央媒合作。广东省退役军人事务厅打造完善了"一网一微一刊一号"宣传主阵地，围绕省退役军人移交安置、就业创业、优抚褒扬、应急救助等工作，第一时间对外发布重要会议活动、重大政策信息。2021年，广东省退役军人事务厅官网全年更新1000余条，公众号推文743篇，阅读量过万的有32篇。内刊《广东退役军人》杂志每期印发3万余册，覆盖省市县镇村五级服务保障体系。2022年6月，广东省退役军人事务厅开设抖音号"广东退役军人"，持续延伸与扩大发挥广东退役军人媒体矩阵的影响力和传播力。开展"百岁抗战老兵影像记录"项目，摄制组走进广东各地市，拍摄、采访10位抗战老兵，留下珍贵影像资料制作成系列纪录片，向全社会致敬革命英雄。集中宣传报道《退役军人保障法》《广东省困难退役军人帮扶援助办法》等相关法律、法规、政策，在广州地标广州塔、深圳地标平安金融大厦等标志性建筑进行户外宣传，在全国退役军人志愿服务工作部署会上展映宣传片《一群人感动一座城——广东退役军人志愿服务工作巡礼》，分享广东退役军人志愿服务工作经验做法。厅微信公众号"战友故事""兵支书"等栏目连续报道169位典型退役军人，其中钟立钊、莫浩棠、李裕壮等被《解放军报》、中国军网报道16次，全国最美退役军人刘清伟被部官微、中国军网、CCTV-7、CCTV-10等多家媒体报道。

安徽省退役军人事务厅重视结合各地各业务宣传思想工作需求，制定印发《"喜迎二十大 红心耀江淮"退役军人系统主题宣传方案》等文件，对重点宣传任务进行整体筹划，确保各项业务工作与宣传工作紧密套嵌，在完成保障服务工作的同时激发舆论正能量。安徽省退役军人事务厅策划推出"邮储银行杯·我的退役故事"第二季"了不起的创业兵"暨军创企业百家行活动，整合省委退役军人事务领导小组成员单位、金融企业、社会研究机构、律所等资源，走进100家军创企业，统筹推进"了不起的创业兵"系列宣传、军创企业经营情况系列调研和系列服务，展示军创企业、军创产品风采，反映军创企业愿望和需求，帮助军创企业排忧解难。

辽宁省退役军人事务厅出台《辽宁省退役军人事务系统宣传工作办法》等系列文件，强化督促指导，省市县三级联动，实行"分级审核、先审后发"原则，全方位展现全省退役军人宣传工作。规范辽宁省退役军人事务厅官网官微等政务新媒体管理维护，加强新闻宣传和舆情引导管控。与人民日报、新华社、光明日报等中央驻辽新闻机构以及辽宁电视台、辽宁日报等省级媒体对口建立常态化沟通机制，定期召开媒体吹风会、收集新闻线索。辽宁省退役军人事务厅成立由分管领导任组长的信息和新闻宣传工作领导小组，下设宣传办，定期组织全省系统业务培训、召开信息和宣传工作座谈会，发挥协同联动作用，提升整体能力水平。省厅各处室和各市局分别指定一名政治素质高、业务能力强、文字功底硬的干部担任宣传联络员，有效发挥正向宣传对舆论的引导作用。在部办公厅和宣传中心的支持指导下，辽宁省退役军人事务厅集中全部力量，多部门整体发力，高标准、零失误圆满完成在韩中国人民志愿军烈士遗骸迎回安葬任务，供中央媒体直播。以辽宁"最美退役军人"、"最美拥军人物"、"最美军嫂"、"最美兵妈妈"等先进典型选树宣传活动为重要抓手，通过在《辽宁日报》重要版面开辟专栏、进行专题报道及短视频展播等形式，广泛宣传报道，引领带动社会各界关注国防、关心军队、关爱军人家庭。组织力量对10年带出两个先进村的"兵支书"李炳旭进行专访，《中国退役军人》杂志和《解放军报》均刊发稿件，产生良好社会效应。扎实开展"老兵永远跟党走——老兵宣讲"实践活动，组建省市县三级"老兵宣讲团"70多个，宣讲团成员近500人，制作网络公开课、短视频等宣讲产品40余个，开展宣讲350余场，受众近7万人次，为讲好党的故事、革命故事、英烈故事和退役军人故事，形成强大价值引导力、精神凝聚力、工作推动力。

江西省退役军人事务厅注重制度建设，统一建立《江西省退役军人事务系统新闻宣传上稿台账》，每季度对全省11个地市、厅机关各处室、厅属各单位的新闻宣传上稿情况进行汇总、核查、统计、通报，并在年初一并部署、年中一并检查、年底一并表彰。建立全省退役军人通讯员工作群，分批次组织各类新闻宣传工作业务培训10余次，积极发挥协同效应，以省、市、县、乡、村五级联动协同为抓手，推出"基层一线见闻""走访慰问日记""现场关爱帮扶"等系列宣传报道，激发全省退役军人事务系统新闻宣传工作活力，深化宣传积极推进退役军人工作的长效机制。积极构建新闻发布团队，明确本单位新闻发言人，对外公开本系统新闻发言人名单及新闻发布机构联系方式，配备专门新闻宣传工作团队。新闻发言人团队通过召开新闻发布会、记者专访、集体采访等，做好退役军人工作新闻发布，注重正面引导，抢占舆论话语权；并同步开展年度新闻发布热点问题汇编，做好新闻发布效果反响收集工作。江西省退役军人事务厅在铺设新媒体矩阵的同时，还创办了《尊崇·江西退役军人》杂志，建设了完善的媒体矩阵。由于制度、队伍、平台建设的良好根基，江西退役军人宣传工作亮点纷呈。"喜迎二十大　志愿立新功——学雷锋月"启动仪式、"新长征"退役军人志愿服务队伍建设、"替烈士看爹娘、为烈属办实事"活动和"革命英烈后代关爱行动"、"永远跟党走、建功新时代"、"满怀忠诚讲尊崇、千行百业共拥军"等活动都掀起较大较好舆论声浪，优待证申领制发等重点工作宣传形成强势。

湖北省退役军人事务厅依托各级网络资源，推动省市两级"一网两微"与主要央媒、省媒合作，构建多层次媒体矩阵和"互联网+退役军人工作"网络平台。把退役军人思想政治工作融入"奋斗百年路，启航新征程"等重大主题宣传，加强舆论宣传引导。

湖南省退役军人事务厅坚持以退役军人为中心，把宣传工作与中心工作一体谋划、同步推进，达到凝聚人心、引导群众的目的。通过专题专栏、权威访谈、专家解读、评论言论等形式，深入宣传阐释习近平新时代中国特色社会主义思想的精髓要义、丰富内涵、理论渊源、实践要求。突出宣传党的二十大精神、习近平总书记关于退役军人工作重要论述，大力宣传党委政府对退役军人的关心关爱，组织退役军人参加党的二十大精神网上答题活动，教育退役军人永远听党话、跟党走。把握主基调。围绕"让军人成为全社会尊崇的职业、让退役军人成为全社会尊重的人"，结合思想政治引领、安置就业、优待抚恤、褒扬纪念等年度重点工作，谋划全年宣传工作任务，明确年度宣传工作主题。重点围绕退役军人典型宣传，深挖退役军人生动事迹，在《中国退役军人》杂志等平台推出。出台省厅官方网站与政务新媒体管理办法等制度，规范省厅官网官微宣传稿件报送、审批、发布等流程。建立信息直报点制度，明确信息直报点宣传工作任务、激励措施等，全省32个信息直报点工作热情高涨。建强专职队伍。建立覆盖省市县三级退役军人事务部门的信息宣传员队伍，人数达344人。定期对宣传工作人员进行线上线下培训，采取"以老带新、跟班学习、稿件点评"等办法，提升宣传工作队伍能力。搭建工作交流协作平台，建立"全省信息宣传工作微信群"，宣传工作人员、省直主要媒体记者在群里分享优秀稿件、征集稿件素材，在交流沟通中提升宣传工作水平。优化专项考核。每季度对厅机关处室单位、市州和信息直报点宣传工作进行通报，对稿件采用按照不同权重计分的办法。建立奖励激励机制，对宣传工作开展得较好的市州退役军人事务局、信息直报点报送的宣传稿件，省厅官网官微优先采用，优先推荐至部官网、《中国退役军人》杂志，部省宣传工作奖励优先推荐信息直报点，有力提高各地工作积极性。

重庆市退役军人事务局成立以局主要领导为组长，分管领导为副组长，各处室、直属单位主要负责人为成员的宣传思想工作领导小组。建立覆盖局机关、5个直属单位、41个区县局的"1+5+41"的退役军人事务系统宣传思想工作队伍。市退役军人服务中心安排了宣传工作专职人员，齐抓共管做好宣传思想工作。与人民日报、新华网、人民网、重庆日报等中央级、市级媒体建立合作关系，形成全方位、多层次、立体化的主流媒体"大宣传"矩阵。建立重庆退役军人先进人物、先进事迹素材库，在日常工作中注重选树，在宣传工作中深入挖掘。全国"最美退役军人"谢彬蓉先进事迹、"一等功臣"蒋诚事迹、燕湾小区退役军人志愿服务等在《中国退役军人》杂志上刊发，展示了重庆退役军人的正能量，树立了重庆退役军人的良好形象。

陕西省退役军人事务厅高度重视宣传工作，将其作为意识形态工作的重要内容来抓，让宣传工作成为传递党的声音、解读宣讲政策、选树优秀典型、互鉴经验做法的有效载体，不断增强宣传报道的传播力、引导力、影响力、公信力，在全社会营造"当兵受尊崇，退役受尊重"的浓厚氛围。落实习近平总书记重要指示精神，把握正确政治方向，凝聚"同心圆"，扎实开展纪念延安双拥运动80周年系列宣传活动，省市联动《人民日报》陆续推出《宝塔山下，共谱双拥赞歌》《当"青春之舰"遇上"红色之城"》等文章，根据习近平总书记关于双拥工作的重要论述，以宏大的视角、生动的细节记录了延安市创新推进双拥工作的好做法、好经验，谱写新时代新征程陕西双拥故事。在退役军人事务部宣传中心指导下，陕西省退役军人事务厅在《中国退役军人》杂志2023年第8期推出了《用我的名字呼唤你》专题报道，用独特的视角讲述了延安市扎实开展"城舰共建"的生动故事。聚焦重大主题宣传，传播"好声音"，紧紧围绕学习宣传贯彻党的二十大精神主题主线，准确把握新形势、新任务、新使命、新要求，充分发挥举旗帜、聚民心、育新人、兴文化、展形象的重要作用，为全省退役军人工作高质量发展统一思想、凝聚力量。对厅属宣传平台全面改版，突出政治站位，发布学习宣传贯彻党的二十大精神稿件115篇，学习贯彻习近平新时代中国特色社会主义思想主题教育相关稿件541篇，让党的创新理论通过宣传产品深入一线、贴近群众。讲好退役军人故事，坚持镜头向下，突出思想引领，突出典型宣传，全面展现广大退役军人投身谱写中国式现代化建设的陕西新篇章的精神风貌。2022年，重庆籍退役军人蒋正全英勇救人牺牲的事迹感动西安城，省厅抓紧对蒋正全进行烈士评定，并联动"陕西发布"播出了蒋正全被评为烈士的消息，让英雄的名字被更多人铭记。陕西的"95后"青年摄影师韩佳龙，发起"志愿军肖像拍摄计划"，为169位抗美援朝老兵免费定制服装、拍摄肖像，在退役军人事务部宣传中心指导下，《中国退役军人》杂志以《刚认识，就告别》为题刊发了韩佳龙的故事，让爱传递，感动更多人。突出重点关切问题，搭好"麦克风"，根据退役军人所盼，着重宣传各类政策解读、优先优待和就业创业活动。2023年3月底，首届全国退役军人创业创新成果展交会在陕西西安开幕，陕西省退役军人事务厅协调省市26家主流媒体，开设展交会官网、官微、官号等自媒体平台，设立2200多处宣传点，吸引600多万人线上观看，全国各地5万多人次、40多家投融资机构现场参展观展，现场交易额达6900多万元，集中签约40个项目，总计30.84亿元。推出陕西省2023年"戎耀三秦·职等你来"退役军人就业招聘活动，实行前期、中期、后期全过程宣传，线上常态采用创新企业展示+直播带岗方式，网络关注度达264.6万人次，当天浏览量达47.8万余人次，直播回看2.4万余人次。招聘实现在线双选，就业活动启动当天，线下提供就业岗位2万多个，线上线下应聘21545人次，达成就业意向8859人次。出台宣传工作办法，由省厅办公室统筹宣传工作，建立覆盖全省各市县区的宣传通讯员队伍，定期约稿提供宣传素材，各市县积极报送特色亮点稿件，项目承接单位主动挖掘采编、讲好退役军人故事。截至2023年8月，省厅官方微信公众号阅读量425.89万人次，头条号阅读展现量3533.24万人次，抖音号阅读量达5212.8万，编印年度《请您检阅》，记录年度退役军人工作实绩。

河南省退役军人事务厅充分发挥新媒体传播优势，依托快手平台，联动各级退役军人事务部门及社会责任企业，积极组织开展"军创英雄汇"退役军人春招行动，共同助力退役军人高质量就业。联合部宣传中心策划宣传报道商丘市退役军人事务局等部门为多次立功的特战队员刘洋立功受奖送喜报活动，并在2022年6月23日的"中国退役军人"公众号发布。一周内，被人民日报、人民网、新华社、央视新闻、央视军事等公众号转发，抖音、快手、网易、腾讯等多家新媒体客户端有关视频点击量累计破300万，点赞278万，评论达到8万条，转发量超10万，受到全国网友广泛赞誉。央视七套、《中国国防报》《中国青年报》等多家国家和省级主流媒体纷纷约稿，该报道成为典型人物宣传工作中的一个亮点。

海南省退役军人事务厅始终坚持以退役军人为中心的工作理念，认真研究退役军人工作特点规律、精准分析退役军人所需所求，紧紧围绕退役军人所思所想所盼，以主题宣传活动为抓手，线上线下齐发力，全方位、多渠道扩大宣传效果。发挥网络平台作用，加大宣传力度——海南省退役军人事务系统遵循新闻传播规律和新兴媒体发展规律，强化融媒体思维，形成整体活力，整合媒体资源、形成联动模式，强化平台建设，构建宣传矩阵，做大做强宣传阵地。搭建门户网站、微信公众号等宣传平台，在数量和推送方式上做出硬性要求。省厅微信公众号每天发布推文数量不少于4篇，并由省厅门户网站同步推送。重要信息在系统推送基础上，安排专人推送到各退役军人工作者和退役军人微信群。最大限度发挥系统内外网络平台作用，充分展现海南退役军人工作动态。先后策划开展了《中华人民共和国退役军人保障法》宣传周、"戎耀党旗"、"奋斗百年路、英烈铸忠魂"、"寻访在琼一等功臣"、"寻找最美退役军人"等主题宣传活动，连续4年组织开展"最美退役军人""最美拥军人物"等典型宣传活动。建立交流学习机制、考核评价机制和纵向联动机制——印发年度宣传工作要点，将退役军人事务新闻宣传工作纳入年度考评，常态化抓紧落实宣传工作。2023年以来，省厅机关各处室、直属单位和各市县退役军人事务局、服务中心共向省厅报送宣传信息或线索1000余条，在省厅微信公众号和网站刊发580篇，省厅共向部宣传中心全媒体矩阵报送宣传信息300余篇，刊发252篇，在省内各媒体刊发宣传稿件183篇，受到海南省委宣传部通报表扬。严格落实分级分类审核和先审后发制度，在人工审核的基础上购买文本检测产品进行辅助审核，严把政治关、保密关、文字关。

二、社会媒体力量资源的运筹调度、形成合力

在各级退役军人部门宣传主体充分发挥自身能动作用的同时，还主动积极运用各级各类传播资源，媒体事务和公共关系常态实施、卓有成效，与主流媒体、网络大V、自媒体双向奔赴、同频共振，从"独唱模式"升级为"齐声合唱"，成功实现退役军人宣传内容一次性采集、多渠道发布、多媒体呈现、全方位影响，不断提高社会知名度影响力。

2024年5月7日，退役军人事务部宣传中心全体工作人员于新华1949园区草坪合影

（一）军地主流媒体的协调运用

放大退役军人宣传音量，提高退役军人宣传质效，宣传中心努力增强对外合作能力，联动头部主流媒体平台、整合各方资源形成"大宣传"合力，进一步提升退役军人事务工作宣传的传播力、引导力、影响力、公信力。2022年11月11日，退役军人事务部党组书记、部长裴金佳来中心调研时指出，宣传中心要继续加强与人民日报等大媒体大平台的合作融合，不断做大做强退役军人宣传工作。

与新华社、人民日报、央视新闻等各大媒体建立良好的信任关系，进行密切合作，共同策划了许多深度内容，形成"合唱"效应。在第八批在韩中国人民志愿军烈士遗骸回国宣传策划中，宣传中心联合多个平台，发起"英雄归

"中国退役军人"朋友圈

2023年度"最美退役军人"发布仪式现场合照

来"等话题，宣传活动首次实现"刊、网、微"一盘棋联动，首次联合人民日报、新华社、央视等9大平台推出主题策划，首次实现新媒体全网曝光量破25亿，在全社会进一步形成了缅怀英烈、尊崇英雄的良好风尚。《首次公布！四位成边烈士遗属优待抚恤细节》全网点击量突破6.5亿，《95岁一等功老兵深藏功名72年》全网点击量突破2亿，多篇文章也均得到人民日报、解放军报、央视新闻等主要媒体全网转发，权威声音广泛传播、掷地有声。"中国退役军人"全媒体矩阵和人民日报、新华社、央视新闻等各大媒体建立了良好的合作关系。

对主流媒体专业力量的长线联系、密切合作，带来的直接成果党和国家重要媒体中涉退役军人工作的重磅文章层出不穷，对退役军人工作发展成就的展示充分有力。党的二十大前夕，《人民日报》刊发《为实现中国梦强军梦凝聚强大力量——党的十八大以来双拥工作综述》。此外，裴金佳部长《为社会主义现代化强国建设贡献退役军人工作力量》等重要理论文章也经《人民日报》以大版面刊发后，产生较大影响。退役军人事务部宣传中心还与CCTV-7国防军事频道联合推出《永恒的军魂》栏目，专门设置了致敬退役军人环节，邀请全国各地"最美退役军人"登台亮相。

2023年7月28日下午，在国务院新闻办主办的"权威部门话开局"系列主题新闻发布会上，裴金佳部长出席并介绍"全面推进新时代新征程退役军人工作高质量发展"有关情况。制作的短视频全网播放量达2000多万次。

宣传中心组织的清明慢直播中，人民日报、新华社加入并机直播行列；策动演员胡歌饰演拉齐尼走进东方卫视，向英雄致敬；协调退役军人骑兵连登上湖南卫视"天天向上"的舞台。以"荣光行动"宣传联盟为创新性载体，宣传中心联合社会力量，整合各类资源，展示各家所长，在凝聚"尊重退役军人、尊崇军人职业"社会共识、浓厚拥军优属社会氛围等方面体现出强大能量。退役军人进校园、退役军人招聘专场、退役军人企业家圆桌会等线上

2022年2月26日，由退役军人事务部宣传中心联合中国联合航空有限公司等多家单位共同发起的"荣光行动"宣传联盟在北京正式启动。退役军人事务部党组成员、副部长马飞雄出席启动仪式。

直播活动也引发社会关注。

宣传中心牵头担起重任，不断深化对宣传思想工作的规律性认识，抓住部属媒体独特的内容优势，以专业权威发声在全媒体时代占领舆论高地，引领媒体跟进关注，在近几年退役军人工作领域大事喜事不断之际，抢抓热点，打造了多个现象级"爆款"主题活动。

表1　庆祝中国人民解放军建军95周年八个"一"活动

八个"一"策划献礼"八一"	一场线上线下联动的战友云歌会	水利部、应急管理部、央视网、学习强国、中国大学生在线以及各地退役军人事务部门等百余家单位及平台同步直播
	一台参与策划的央视晚会	联合CCTV-7国防军事频道推出《永恒的军魂》，特别设置致敬退役军人环节，邀请全国各地"最美退役军人"登台亮相
	一次跨越时空的对话	携手中国人民革命军事博物馆、央视网、快手推出兵王走进军博话强军
	一场全民参与的翻唱大赛	联合全民K歌推出线上翻唱大赛，设置"八一"话题参与抽奖
	一场口述历史展播活动	联合百度百家号开展"穿越烽火岁月"口述历史展播活动，邀请许三多扮演者王宝强宣传推广
	一次守护绿色的公益行动	联合支付宝开展为公益林浇水特别行动
	一系列拥军主题手绘图片	与新华网、快手联合推出"功勋闪耀"手绘长图，致敬"八一勋章"获得者；选取各地双拥地标制作手绘作品
	一本值得收藏的双拥特刊	《中国退役军人》杂志推出"双拥特刊"，专访三位将军探讨人民军队胜战之问

各级退役军人事务系统宣传部门在组织先进典型、重大任务宣传，策划主题宣传活动，开设特色栏目等重要宣传任务过程中，多次实施了媒体采访这一特色环节，专门邀请退役军人、政府官员、专家学者参与其中，为讲好退役军人故事，加强宣传工作的推广力度、拓展覆盖宽度和理论深度。2021年春节，加勒万河谷四位烈士牺牲的信息牵动每个中国人的心。宣传中心立即设置议题，推动相关司局和省厅负责人大量接受媒体采访，据此向舆论场推送出很多丰富、高质量，甚至独家的细节，如为烈属安排工作、帮助落户、提供周到的孕产期服务等，助推舆论向好发展。

在部机关积极作为的同时，各地退役军人事务系统宣传部门也不断拓展合作，积极构建良好的专业力量关系。比如，上海市退役军人事务局新媒体平台举行读者、记者、信息员三方面见面会，邀请人民日报、解放日报、文汇报、青年报、学习强国、澎湃新闻等上海退役军人条线记者以及读者共50人参加会议，持续加强栏目内容策划，拓展信息发布渠道，广泛宣传退役军人和退役军人工作者先进典型、感人故事，大力弘扬退役军人敢打硬仗、"关键时刻一声到"的优良作风，营造全社会尊重退役军人、尊崇军人职业的浓厚氛围。

（二）社会传播力量的开发调度

目前，退役军人事务系统内700多人的通讯员队伍，成为宣传中心强大的创作支撑和合作伙伴。在"荣光行动""军创英雄汇""你好，双拥模范城"等大型报道、直播活动和公益活动中，中央各部委、社会单位和拥军企业、军创企业、各类传播平台都共同参加。

近年来，随着新媒体的不断发展和普及，各级退役军人事务系统也逐渐开始将自媒体账号纳入宣传体系的渠道和手段之中。宣传中心在策划大项活动，落实重要宣传任务时，与"一号哨位""三剑客"等部分涉军自媒体协同联动，扩大宣传覆盖面和网络声量。退役军人事务部宣传中心还与快手、阿里巴巴、澎湃新闻、百度百家号、哔哩哔哩、知乎等拥有媒体平台的机构组成"荣光联盟"，在举办重要活动时可以凭借平台拓展覆盖面，聚合生态链，形成广泛的传播效益。2022年，退役军人事务部宣传中心为拓展宣传影响力，巩固自媒体阵地凝聚力，举办了首届"我们·向光而行"中国退役军人粉丝大会。粉丝大会以直播形式在线上进行，邀请了"网红"退役军人代表、抗疫退役军人志愿者代表、"最美退役军人"、"兵支书"、四川荣军医院抗美援朝老战士等进行直播连线，与中国联合航空、上海海洋大学等单位线上联动。同时，还与部分退役军人教师代表等组成的粉丝团在主会场进行互动。各省级退役军人事务系统也充分利用自媒体做文章，充分发挥自媒体平台优势为我服务。内蒙古自治区呼和浩特市委退役军人事务工作领导小组办公室、呼和浩特市退役军人事务局始终把与国内第一代"娱乐+电商"垂直产业链先行者——北京乐动乐听文化传媒有限公司签订了退役军人抖品牌抖音带货创业项目合作意向，利用MCN机构的专业能力赋能退役军人自媒体建设，在辅助就业创业的同时也能提升宣传工作的综合声量。海南省退役军人服务中心积极探索运用抖音平台，推出"海南退役军人就业创业看这里"抖音号，与当地"网红"和著名企业合作直播推广，为退役军人精准推送就业岗位，活动获得200万人次观看播放量，关注用户达4800余人，为120家用人单位提供600余个岗位。东方卫视播出的节目中，演员胡歌饰演拉齐尼向英雄致敬；退役军人骑兵连登上湖南卫视"天天向上"栏目的舞台。"中国退役军人"媒体矩阵的"好友圈"既有金一南、罗援等军界著名专家，也有文体明星以及一大批百万以上粉丝的正能量退役军人大V。在一个个活动、一项项策划、一篇篇稿件当中，这些本身就拥有社会关注度的人物不断地出现，不断为退役军人、退役军人工作站台代言，也为退役军人宣传工作带来了更高的关注度。

随着退役军人事务系统宣传思想文化工作的逐步深入推进，加强与视频平台、影视公司、演出集团等各方合作已成为提升退役军人宣传工作综合能力的重要举措。近年来，退役军人事务系统宣传部门多次与这些公司合作，取得了较好的合作效果。"军创英雄汇"是退役军人事务部宣传中心充分发挥新媒体传播优势，依托快手平台，联动各地退役军人事务部门及社会责任企业，通过视频平台助力退役军人高质量就业的创新举措。2022年起，每周一晚7点准时推出，助力就业效果出众，助力宣传成效显著。退役军人事务部宣传中心2022年7月31日与全民K歌联合举办"军魂永不褪色——八一·战友云歌会"，来自各地的退役军人代表、各大高校退役大学生士兵、陆海空火箭军和战支联勤武警等部队官兵演唱了40余首军旅及正能量歌曲，向军旅致敬，向人民子弟兵致敬。活动总曝光量达1.06亿，超1200万人观看，活动激发了全国退役军人的爱军热情，让退役军人这一身份在全社会产生共鸣。

电视剧《老兵荣耀》剧照

退役军人事务系统积极介入优质影视作品创作，为优质涉退役军人题材作品提供智力支持。退役军人事务部宣传中心参与电视剧《老兵荣耀》宣推工作，力求反映退役军人扎根乡村自主创业的精神，彰显退役军人的时代风采，同时借助媒体正向激励作用，保障退役军人实现更稳定的就业、更稳健的创业和更美好的生活。

同时，宣传中心还联合清华大学继续教育学院进行了多次重要活动咨询策划，该学院还启动了清华终身学习云课堂荣光系列公益直播课，先后在建军节、全民国防教育日、空军节举办了三场大型公益直播，通过"中国退役军人"视频号、抖音号、中国军网、解放军报客户端、清华大学视频号、雨课堂等平台直播，累计180余万人与清华师生同上一堂国防教育课。学院在"清华终身学习小程序"上正式推出退役军人课堂，重点面向广大退役士兵群体，以微课为主打造公益属性退役军人学习专区，持续无偿提供清华优质教育资源，构建人人皆学、处处能学、时时可学的终身学习生态圈。清华大学继续教育学院获评退役军人事务部"2022年度宣传工作先进单位"。清华大学社会科学学院退役军人事务与军民融合研究中心也多次为退役军人事务部提供决策咨询，并参与众多退役军人有关会议。

第五章
守正创新，我们的方法论

知常明变者赢，守正创新者进。走过不平凡的三年，开创出退役军人宣传工作新天地，退役军人事务部宣传中心也在拼搏和实践中不断取得智识进步，逐渐积累、丰富和发展着自己的高质量发展方法论和高质效宣传方法论。这些方法论就是：守马克思主义基本原理之正，守习近平新时代中国特色社会主义思想指导地位之正，守新闻传播规律之正，退役军人事务部宣传中心在繁重的任务和复杂的形势的挑战压力面前总能站在高处，总能用长远的目光和清晰的方向感来把稳舵盘、保持航向；创融媒体时代宣传阵地拓局落子之新，创形成退役军人工作大宣传格局的撬动牵引之新，创退役军人宣传话语和叙事体系之新，退役军人事务部宣传中心总能有"吃第一只螃蟹"的勇气、担当、敏锐以及理解力、运用力、创新力，总能在力行先试中突破开新、扬帆远航。守正与创新相辅相成，体现了变与不变、继承与发展、原则性与创造性的辩证统一。

一、把正确政治方向摆在第一位

"必须把政治方向摆在第一位，牢牢坚持党性原则，牢牢坚持马克思主义新闻观，牢牢坚持正确舆论导向，牢牢坚持正面宣传为主。"在党的新闻舆论工作座谈会上，习近平总书记正本清源、举旗指路，深刻阐明坚持正确政治方向的重要理论和实践问题，向新闻舆论战线提出了明确要求、指明了努力方向。

姓党为党，正是退役军人事务部宣传中心的立身之基、最高原则和第一品格。在部党组的坚强领导下，中心一切业务工作都体现党的意志、反映党的主张，用爱党、护党、为党的情怀来抓工作、干事业、谋发展、带团队。宣传中心坚持做到"两个维护"，要求全体同志在思想上政治上行动上同党中央保持高度一致，牢固树立政治意识、大局意识、核心意识、看齐意识。

宣传无小事，处处有政治。2022年11月1日，裴金佳部长在宣传中心调研，特别强调新闻舆论工作不是单纯的业务问题，政治性、政策性都很强，不仅业务上要做到位，更要在政治上特别清醒，要善于把政治方向、政治要求体现在工作中，要严把采访关、组稿关、审核关、发布关，严格规范采编工作流程，不断提高开展宣传工作的政治能力和服务水平。退役军人宣传工作一定要旗帜鲜明讲政治，牢牢把握党性、政治性要求，坚持政治家办刊，不断提高新闻宣传的感染力、感召力。

退役军人工作在党和国家事业全局中的特殊地位和重要作用，决定了退役军人事务部宣传中心业务工作与众不同的政治性、政策性、敏感性。三年来，宣传中心用一丝不苟、精益求精的心态来审视自己推出的每一个选题、撰写的每一篇稿件、发布的每一条视频、组织的每项活动，确保向公众所发出有关"关注什么、支持什么、反对什么"的信号是正确且清晰、有力的，确保能够正确引导退役军人群体及关联人群，发挥凝聚人心、汇聚力量、推动事业发展的作用。让主旋律和正能量唱主角，让中心制作推出的每一项产品都成为发展的"推进器"、民意的"晴雨表"、社会的"黏合剂"、道德的"风向标"，成为三年工作的一条清晰轨迹。

围绕中心、服务大局，坚持正面宣传为主，并做实、做强、做优正面宣传。宣传中心深刻认识到，唱响主旋律，弘扬正能量，正面宣传要够量、够全、够响、够力，着重在大局、大势、大事上发力，持续巩固和壮大主流意识形态，引导广大退役军人多看主流，多看光明面，多看本质。其中，尤其注重网上正面宣传，牢牢掌握网络话语权、主动权，用"人在哪里，宣传思想工作的重点就在哪里"的自觉，网上网下联动唱响退役军人工作好声音，把广大退役军人及其关联群体紧紧团结在党中央周围。为此，三年来，退役军人事务部宣传中心牢记党媒职责，始终把宣传习近平新时代中国特色社会主义思想，党中央、国务院关于退役军人工作的重大决策部署，习近平总书记关于退役军人工作重要论述作为首要政治任务。2021年，中心紧紧围绕庆祝建党百年这条主线，持续聚焦退役军人系统党史学习教育，以"老兵永远跟党走""百年英烈"等庆祝纪念活动为抓手，充分挖掘系统红色资源，讲好退役军人故事，形成持续声势引领舆论，并以《中国退役军人》第7期杂志特刊方式向百年大党献礼致敬。突出"七一"、"八一"、"烈士纪念日"、在韩中国人民志愿军烈士遗骸迎回安葬等重大主题活动，宣传中心充分挖掘系统红色资源，深入推进党史学习教育，引导广大退役军人成为巩固党长期执政的可靠力量、经济社会发展的重要力量，激励退役军人工作者奋发有为，再立新功。宣传中心积极创新形式载体，以"重磅发布、重要会议、重大活动、重点时节"为契机，充分运用全媒体手段推出两会、建部四周年、优待证申领、退役军人进校园、加强国防教育、退役军人春招行动等重大主题宣传，形成持续声势，不断浓厚尊崇军人职业、尊重退役军人的社会氛围，引导广大退役军人成为巩固党长期执政的可靠力量、经济社会发展的重要力量，激励退役军人工作者奋力推进退役军人工作，立足新发展阶段、贯彻新发展理念、构建新发展格局，真正发挥好舆论"制高点"的强大作用。

退役军人宣传工作全媒体平台是国家主流媒体的重要组成部分，也是重要舆论阵地、认知攻防平台，政治方向、舆论导向、价值取向不能有丝毫偏差，必须坚决捍卫守牢。宣传工作一定要以此作为基本职责。

为不断夯实对于"坚持正确舆论导向"的强烈自觉和稳固共识，退役军人事务部宣传中心一以贯之地开展全员马克思主义新闻观教育。宣传中心领导反复强调，要以科学理论作为"定盘星""导航仪"，用科学理论固本培元、凝魂聚气，坚定做党的政策主张的传播者、时代风云的记录者、社会进步的推动者、公平正义的守望者。宣传中心继续把学习宣传习近平新时代中国特色社会主义思想和党的二十大精神作为当前和今后一个时期的首要政治任务，抓紧抓好抓出成效。进一步学习深化习近平总书记关于退役军人工作重要论述，引导广大退役军人不断深化思想认识，提高理论素养，增强工作本领。通过全国双拥模范城表彰、第十批在韩中国人民志愿军遗骸归国等一系列重要节点和重大活动，抓住契机展现退役军人工作成果、促进军政军民团结，同时打造加强国防教育的生动课堂。

二、着力聚焦中心工作发力，努力提高服务率贡献率

党的二十大报告指出，加强军人军属荣誉激励和权益保障，做好退役军人服务保障工作。巩固军政军民团结。退役军人工作事关强国兴军大业、事关改革发展大局，在党和国家工作全局中占有重要的地位，须按照党和国家的部署，适应新时代要求，迈入高质量发展的轨道。退役军人宣传工作既是党的宣传工作的组成部分，也是退役军人工作的组成部分。这项工作，"不仅是前端性工作、重点性工作，更是主动性工作"，"在贯彻党的路线方针，落实中央决策部署，强化退役军人思想政治引领，凝聚广大退役军人和其他优抚对象建功新时代的决心信心，为推动党和国家事业发展提供有力思想保证和强大精神力量方面发挥了重要作用"，"对于维护改革发展稳定大局，军地合力共筑强国梦、强军梦都具有重要意义"。退役军人宣传工作高质量发展，是退役军人工作高质量发展的重要方面。三年来，退役军人事务部宣传中心深刻体认中心在退役军人工作发展进程中肩负的重要职责，致力于全程围绕中心、密切关注重点工作、主动挖掘亮点工作、积极探索难点工作，推动退役军人宣传工作做深做实。

推进落实中央关于退役军人工作决策部署。习近平总书记出席十三届全国人大一次会议解放军和武警部队代表团全体会议并发表重要讲话指出，谁是最可爱的人，不要让英雄既流血又流泪，让军人受到尊崇，这是最基本的，这个要保障。2019年1月17日，习近平总书记在天津考察时又提出，成立退役

军人事务机构，就是要加强退役军人管理保障工作，让军人成为全社会尊崇的职业。2023年3月8日，习近平总书记在出席十四届全国人大一次会议解放军和武警部队代表团全体会议时指出，要弘扬拥政爱民、拥军优属光荣传统，巩固发展新时代军政军民团结。退役军人宣传工作高质量发展，实践落脚点就是引导全社会形成尊重退役军人、尊崇军人职业的浓厚氛围，就是贯彻落实党中央决策部署和习近平总书记关于退役军人工作重要论述。退役军人事务部宣传中心精心打造的"荣光之路"大型融媒体采访调研活动，就是彰显地方政府和民众对军人职业的尊崇、对退役军人的尊重，让退役军人和军属群体永沐荣耀之光，有力地将"尊崇"二字推向舆论场中心。

推动退役军人工作的创新发展。退役军人事务系统白手起家、平地起楼，各项工作在不断探索中奠基启新、改进提高。高质量的宣传工作是以抓问题、突出指导性为特征的。通过高质量的稿件积极推介各地退役军人工作的典型经验，推动退役军人工作改革创新和发展的重要动力，带动全系统整体工作提质增效、同频共进，不断提升退役军人工作的治理能力和水平。高质量的宣传，是推动退役军人事务系统整体工作创新发展最有效的抓手之一。比如，"荣光之路"系列稿件在系统上上下下引起较大反响，扩大了退役军人工作在全社会的音量，给退役军人事务系统以极大的鼓舞。而"荣光之路"的价值重在发现先进做法，形成"星星之火"。通过调研调查采访，从全局角度提升形成指导全国退役军人工作的经验，已经不再是简单的报道，而成为服务和指导退役军人工作的一部分。比如，2021年12月13日优待证管理办法于部官网上线，"中国退役军人"公众号19点19分推送后，掀起全网关注热潮。从"敢发声"到"会发声"，从"信息高地"到"观点高峰"。"中国退役军人"全媒体矩阵在本轮优待证宣传中，在保证权威声音首发的同时，根据不同平台特点准备了充足的回应素材。相关文章得到众多权威媒体和有影响力的军事自媒体的转发关注，让优待证的正向宣传得到较为精准的触达，营造了良好稳定的舆论环境。优待证相关内容全网阅读（播放）量突破9700万，总评论数突破15万条，其中，单条短视频评论破3万条。2023年4月，在退役军人事务部成立五周年之际，宣传中心围绕五年回顾系统挖掘梳理，通过有声有色、出新出彩的主题宣传，报道退役军人事务领域治理体系和治理能力现代化的新进展、新经验，对重点推进的"六个体系"建设均有重点涵盖、重点报道、重点分析，为各地退役军人工作借鉴学习、取长补短提供一份系统、精良的"多媒体教材"。

完善退役军人保障体系的重要举措。退役军人保障工作是国防建设的基础，是军队现代化的重要制度体现。现代化的退役军人保障体系不仅包括退役军人就业促进、退役军人的住房保障、退役军人的医疗保障、退役军人的养老服务、退役军人的优待抚恤等各类关系物质利益的"硬支撑"，还应该包括退役军人的教育培训、激励表彰和宣传工作等关乎精神动力的"软支撑"。退役军人宣传工作发挥着对各类"硬支撑"政策制度的放大、宣推、监督、反馈等作用。不仅在社会上起到强化主流声音、凝聚共识力量的效应，还承担着对各类政策制度的宣传阐释、解读共享的功能，同时还对各类政策制度在推进、落实中的问题起到大众监督、舆论监督的作用，督促相关部门对退役军人的现实关切及时回应，通过制度的刚性保障从根本上为退役军人排忧解难。不仅辅助退役军人群体更好地理解国家的战略考量，意识到对自身的关怀关注，更引导公众聚焦国防和军队建设事业大局，吸引更多优秀青年参军报国，强化社会大众的国防意识，在更广阔的意义上为长城永固添砖加瓦。

三、内容为王，持续增强核心竞争力

要深刻认识新时代退役军人工作所处的历史方位，准确把握外部的形势挑战、内部的困难问题，聚焦关注点、找准切入点，努力讲好新时代广大退役军人故事。近年来，各级退役军人事务部门不断强化服务意识、阵地意识，持续以原创内容信息为焦点，以内容深度和广度为重点，坚决把握稳定产出和权威准确两个基本点，持续增强自身核心竞争力。

如何把握好内容质量这一核心，全面提升市场竞争力？傅雪柳主任指出，各级退役军人宣传部门和宣传工作者要站在守好舆论阵地的高度思考问题，在内容质量上下真功夫，用权威、优质内容提升公信力。也要及时回应群众关切，多用群众语言、身边典型、数据事实说话，反映基层冷暖，把服务做到退役军人身边。还要创新内容形式，把握时度效，致力于打造名栏目、名专版、名活动，探索策划"爆款"产品，切实增强感召力、凝聚力、影响力，让大家听得懂、能领会、可参与，真正把服务做到实处。

当前，全媒体时代来临，主流媒体该如何在纷繁复杂的舆论环境中继续高举旗帜、引领方向呢？退役军人事务部宣传中心的经验做法是拥抱变化、勇于创新、深耕内容，进军细分内容市场，培养专家型记者主播，培育一系列的王牌栏目，敢于接受市场洗礼，增强自我造血能力，牢牢把住"全媒体舆论引导"这个关键，推进新媒体和传统媒体优势互补、协同发展。如围绕全国退役军人事务厅（局）长会议、退役军人事务部建部5周年等重要会议和节点，推出综述、述评、图文、短视频等全媒体产品，立体呈现退役军人工作在思想政治引领、权益保障、就业创业、拥军优抚、褒扬纪念等方面的工作成果。又比如在2022年迎接第九批在韩中国人民志愿军烈士遗骸回国报道中，退役军人宣传中心以72小时不间断直播全程还原现场，线下吸引市民参与互动，推出综述性文章剖析中华民族精神内核，再以系列评论文章引导舆论、一锤定音，报道呈现小切口、近距离、对话感、故事化的特点，直播观看人次突破1亿，话题阅读量突破35亿，受到中央有关部门点名表扬。在全媒体转型的时代考卷中给出了优秀的指导答案。

没有调查就没有发言权，退役军人宣传工作高度专业化，一头连着政策，一头接着民意。要想持续有真实、准确、优秀的作品产出，就需要每一名退役军人宣传工作者"从天安门上看问题，从田间地头找灵感"。既要提升理论水平，把握整体工作节奏，又要脚下沾满泥土，深入群众中去。在退役军人宣传中心筹划的"高质量发展调研行"系列报道中，记者每到一地都先深入基层，与退役军人工作者探讨工作方法，深入退役军人群体倾听诉求呼声，行程最后一站再与厅长对话，内容厚实又有高度，受到了广泛好评。在做退役军人工作宣传报道时，记者们坚决突出问题导向，保持敏感"嗅觉"，采访时不偏听偏信，对于模糊信息大胆质疑、小心求证，不制造虚假新闻、不隐瞒新闻事实、不搞虚假调查，进一步提升了"稳准快"抓"活鱼"的能力。

四、坚持不懈打造全面过硬的战队

习近平总书记在2018年全国宣传思想工作会上指出，不断增强脚力、眼力、脑力、笔力，努力打造一支政治过硬、本领高强、求实创新、能打胜仗的宣传思想工作队伍。宣传思想工作是专业性很强的工作，没有几把刷子是干不了的。高素质、好把式、真功夫，是"漂亮活儿"的基础，是高质效的前提。做好新时代宣传思想工作，关键在人。三年来，退役军人事务部宣传中心紧盯建一流队伍标准，高位谋划人才工作和团队建设。

宣传中心坚持正确的选人用人导向，根据年度选人用人计划，组织开展非事业编招聘、应届毕业生招聘、社会人员公开招聘、接收安置转业军官等工作，招聘和接收政治素质好、专业能力强的优秀人员，人才队伍不断壮大，为中心高质量发展提供人才保障和智力支撑。三年来，结合业务快速拓展的实际，通过公开招聘应届毕业生和社会人员、接收安置转业军官等方式补充编制内人员；采用聘用方式招收优秀毕业生，补充有丰富工作经验的年富力强同志；常年敞开大门接纳来自高校的实习生参与工作，初步形成了一支专业化、正规化、年轻化、一专多能、抗压能力超强的全媒体人才团队。三年来，中心推动人力资源改革，建强建优人才队伍，大胆使用人才，探索事业单位改革，先后选拔任用多名副处级干部，引导全体同志在业务工作上大显身手、施展才华，极大激活了团队干事创业热情。三年来，中心激发创新活力。另外，推进人力资源绩效管理项目，从严监督管理，完善考核评价机制，多措并举"留人才"。

通过政治引领、理论武装、组织生活来夯实团队政治思想基础，是中心抓团队建设的持续发力点和中心事项。三年来，中心每周工作例会传达学习习近平总书记最新重要讲话和重要指示批示精神，每月组织召开全体党员（扩大）会议，持续深入学习党的二十大精神。在主题教育中，为全体人员配发学习材料和中心组织编印的《应知应会》等资料，采取集体学习、党小组学习、个人自学、青年理论学习小组学习、专题轮训、知识竞赛等形式，交流心得体会，引导鼓励青年干部学以致用、学用结合，不断提高理论水平。坚持以习近平新时代中国特色社会主义思想为指导，突出政治建设统领，扎实推进"四强"党支部建设，充分发挥战斗堡垒作用。着重突出"政治功能强"，走好践行"两个维护"第一方阵；坚持锤炼"支部班子强"，把建强支部班子作为夯实党建基础的"先手棋"，充分发挥模范带头作用，编制中心权力运行流程图和廉政风险防控措施，强化支部决议落实；持续打造"党员队伍强"，不断增强基层党组织凝聚力和战斗力，对照基层党组织标准化建设，扎实开展支部"三会一课"，规范党组织生活和中心工会各项活动，在业务建设上，持续开展中心工作人员培训，通过业务培训，以及与思想权益司、就业创业司、拥军优抚司等业务司局召开业务工作交流会，进一步提升中心工作人员能力，为中心发展提供全媒体、复合性、应用型和创新型的德才兼备的人才队伍支撑。三年来，紧紧围绕增强全体人员"脚力、眼力、脑力、笔力"的目标，一体实施强基固本、墩苗壮骨、暖心护航，不断线实施专业培训、实践锻炼，选好苗子实施锻造工程，加强能力提升和人才培育。

退役军人事务部宣传中心文化——

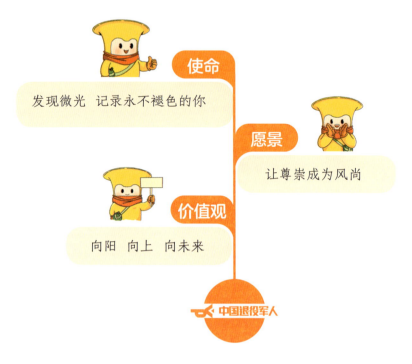

"中国退役军人"IP形象"号号"

第六章
合力共进，我们的新探索

提升舆论引导能力　做好退役军人宣传工作

退役军人事务部宣传中心主任　傅雪柳

在以习近平同志为核心的党中央坚强领导下，在习近平新时代中国特色社会主义思想的科学指引下，退役军人事务部坚决落实党中央、国务院决策部署，始终坚持正确的舆论导向，在退役军人宣传工作中全面贯彻"为经济社会发展服务、为国防和军队建设服务"方针，唱响"让退役军人成为全社会尊重的人，让军人成为全社会尊崇的职业"时代主旋律。在新时代的征程上，退役军人工作任重道远。我们要以开拓创新的勇气和求真务实的举措，进一步做好退役军人宣传工作，提升舆论引导能力，为强国兴军凝聚力量。

退役军人宣传工作的主要特点

退役军人事务部宣传中心自2021年2月7日成立以来，依靠部党组的坚强领导、机关业务部门的指导帮助和宣传中心全体干部职工与各地宣传工作者的辛勤努力，围绕中心、服务大局，与党中央决策部署同频共振、与退役军人整体工作同步共进，传播党和国家的声音，讲好退役军人的故事，推广工作实践中的经验，传播力引导力影响力公信力进一步增强，做到了"政治引领聚人心、舆论引导有方向、重大活动出亮点、典型宣传聚能量"，为退役军人事业发展营造了良好氛围。主要有这几个特点：

突出讲政治，舆论引导积极作为、正确有力。我们始终把宣传习近平新时代中国特色社会主义思想、党中央国务院关于退役军人工作的重大决策部署、习近平总书记关于退役军人工作重要论述作为首要政治任务贯穿全年。中心成立以来，我们牢记党媒职责，紧紧围绕庆祝建党百年这条主线，充分挖掘系统红色资源，深入推进党史学习教育，引导广大退役军人成为巩固党长期执政的可靠力量、经济社会发展的重要力量，激励退役军人工作者奋发有为，再立新功。我们积极创新形式载体，以"重磅发布、重要会议、重大活动、重点时节"为契机，充分运用全媒体手段推出两会、建部4周年、优待证申领、退役军人进校园、加强国防教育、退役军人春招行动等重大主题宣传，形成持续声势，不断浓厚尊崇军人职业、尊重退役军人的社会氛围，真正发挥好了舆论"制高点"的强大作用。

着力显特色，重大宣传重点突出、亮点"破圈"。中心成立以来，国家和退役军人领域大事多、喜事多，我们抢抓热点，打造了多个现象级"爆款"，如聚焦两会报道，创新设置"两会@退役军人""老班长上两会""视频专访两会退役军人代表""两会图说"等七大版块，推出独家专访、独家评论、独家连线、各地厅（局）长代表学习表态等专栏，讲实讲透两会信息，全网总阅读（播放）量达2000万；北京冬奥会期间，推出"退役军人一起向未来"冬奥网络主题宣传活动，独家专访开幕式退役军人焰火表演团队、退役军人运动员、退役军人裁判等，联合快手发起冬奥相关视频挑战赛，累计征集作品超5.2万件，视频总播放量超1.8亿次。

重点抓内容，宣传活动形式多样、有声有色。党媒的高度，决定其权威性和影响力，因此必须在传播内容和质量上下真功夫。我们围绕唱响时代主旋律，树立精品意识，持续加大原创独家内容，推出一批高质量、有影响的新闻作品："中国退役军人"新媒体矩阵推出"抗疫一线，老兵：到！"专栏，聚焦全国各地退役军人奋战疾控一线的点滴故事，记录令人感动温暖的时刻；推出"老兵360行 行行都出彩"专栏，独家专访各行各业的退役军人工作者代表，带动优秀退役军人典型树立；推出"了不起！中国退役军人"专栏，关注在人民需要时挺身而出的战友身影，全网阅读（播放）量突破3亿，多次被人民日报、新华社、央视新闻、解放军报等媒体平台转载。

努力求创新，媒体平台融合发展、步伐稳健。宣传中心成立以来，以"新平台、新跨越"为主题，大胆创新、勇于突破，大力推动媒体融合发展。在这场争夺"眼球"大战中，我们强势进驻抖音、快手、视频号、人民号、新华号、央视频、学习强国、喜马拉雅、澎湃号、头条号、知乎、哔哩哔哩等新媒体平台，形成了"一刊、一网、15个新媒体平台"的"纸媒+网站+官微+新媒体+客户端（军休APP）"全覆盖的融媒体矩阵，实现了一次采集多元生成，扩大了粉丝群体，提高了整体内容关注度。截至目前，全网粉丝量突破700万，矩阵内总阅读（播放）量突破33亿次，每周均有内容被中央媒体及各地媒体平台转发。

做好全媒体时代退役军人宣传工作

全媒体时代，人人都有"麦克风"，个个都是"播音员"。作为官方的主流媒体，要发挥自身优势，以权威性和可信性为立身之本，打造专业化传媒方阵。

只有围绕中心服务大局，才能永葆宣传工作活力。首先要上接"天线"，发出理论宣传"强音"。中心成立以来，《中国退役军人》杂志围绕思想理论和工作热点难点问题，刊发理论文章75篇，涉及退役军人事务工作方方面面。其次要下接"地气"，确保宣传"时度效"。我们坚持宣传工作与中心工作同频共振，围绕就业创业、优抚褒扬、权益维护、服务保障等业务领域深挖做法经验，围绕优待证发放、退役士兵保险接续、"兵支书"助力乡村振兴、退役军人保障法等重点工作突出专题宣传，让宣传工作在服务中体现价值，在互动中提升形象，焕发出持续活力。

只有牢牢把握传播规律，才能不断提升宣传质效。当下处于全媒体时代，从"独家授权"到"全民广播"、从"政府领导"到"意见领袖"、从"官方发布"到"网络水军"，不仅分割了公共话语权，还增强了公众社会动员能力。要有的放矢做好退役军人宣传工作，就要学会主动出击，牢牢把住"全媒体舆论引导"这个关键，积极推进新媒体和传统媒体优势互补、一体发展。比如，第八批在韩志愿军烈士遗骸迎回安葬活动，我们及时围绕"烈士后人现在怎么样？""回国烈士当年经历了什么？""揭秘在韩志愿军烈士'回家'之路"等推出一系列有深度有温度且独家权威的原创内容，总曝光量25.5亿，视频直播1500万人次观看，形成网上正面宣传强势，数千网友建议将祭文编入中小学课本。

只有牢固树立群众观念，才能彰显宣传工作价值。我们去年4月推出的"荣光之路"大型融媒体报道活动，先后走进山东、福建、四川、上海、山西、江苏、贵州、湖南、安徽、浙江等地。每到一地，我们都与退役军人工作者探讨工作方法，深入退役军人群体倾听诉求呼声。沾着泥土、带着露珠的系列报道一经推出，就受到大家热捧。我们还组织20多个省市退役军人事务系统50多名宣传干部赴福建厦门开展为期5天的边海防行调研活动，走进营房、踏上哨所，通过面对面沟通，不断增强大家对退役军人工作的感情。

只有勇于进行开拓创新，才能实现事业跨越发展。新媒体语境下，受众逐渐趋于年轻化。传统媒体迈出创新步伐的趋势已是必然。宣传中心成立后，我们在理念、内容、渠道、平台、手段、体制、机制等方面创新融合，先后推出了"军创英雄汇"直播带岗、"军创英雄汇·全国退役军人企业家线上圆桌会"系列访谈、"清明祭英烈"12小时慢直播等新媒体互动环节，受众逾千万，不仅线上打通与受众的沟通渠道，还延伸至线下与受众产生良性互动，显著拓展了退役军人宣传的传播力、影响力。

（原刊载于《中国退役军人》杂志2022年第8期）

助力宣传主阵地建设
促进退役军人事业高质量发展

文 / 赵蕾　马斌国

山东省是革命老区，驻军大省、兵员大省、安置大省。退役军人基数大，舆论氛围活跃，退役军人新闻宣传工作任重道远。五年来，全省退役军人事务系统勠力同心，以营造"让军人成为全社会尊崇的职业、让退役军人成为全社会尊重的人"的氛围为目标，牢固树立业务与宣传工作并重的"一岗双责"意识，"坚持守正创新、加强统筹谋划、提升能力素养"多措并举，宣传工作白手起家、全面起势，宣传工作水平全面提质增效。2019年以来，省级以上主流媒体刊发稿件1.3万余篇，在退役军人事务部官网官微发布、《中国退役军人》杂志官微发布稿件808篇。

一、工作机制"提档"，统筹宣传工作效果凸显

坚持以宣传工作制度化牢牢把握政治方向和舆论导向，以宣传流程平台化激发各级积极性，以媒体合作战略化提升宣传效果，集中力量办大事原则，充分发挥优质媒介资源宣传优势，整合宣传力量。

健全机制。印发《山东省退役军人事务厅新闻宣传管理办法》，明确管理机制、职责分工、报道程序、工作纪律等内容，进一步加强统筹协调、严格审核把关，确保统一发声，新闻宣传的权威性、准确性和安全性得到增强。依托厅管理平台设立宣传工作投稿系统，

做到稿件从拟稿到发布，分级审核、实时赋分，闭环管理，全流程可追溯，压实各级责任。

权威发声。8次召开发布会，向社会各界解读各类退役军人相关政策，回应社会关切，发布内容受到全省退役军人广泛关注，在线收看人数达到1200余万，刊发稿件7000余篇。其中2021年，围绕解读《山东省伤残抚恤管理实施细则》召开新闻发布会，介绍山东省设立专项基金开展退役军人创业扶持和困难帮扶工作试行情况。发布会受到社会各界广泛关注，在线收看人数达到230余万，共刊发稿件1200余篇。2022年组织召开全省优待证发放有关情况新闻发布会，集中回应退役军人关心关注的优待证有关问题，稿件被46家媒体、客户端转发转载，原创稿件96篇，阅读560余万次。

媒体合作。为摆脱"单打独斗"困境，积极与新华网、人民网、中央广播电视总台等中央媒体驻山东站签订宣传合作协议，主动对接大众日报、山东广播电视台等省级媒体，宣传阵地辐射全国全省

2023年4月4日，山东省退役军人事务系统清明节相关活动仪式现场

主流媒体，媒体重点稿件曝光率、发稿数量激增。为烈士寻亲、画像是山东重点关注的工作内容，寻亲活动邀请主流媒体全程跟访，充分发挥主流媒体宣传资源，把山东做法推向全国。借助山东广播电视台、大众网直播"流量"，对《黄河流域退役军人就业创业工作协同发展系列活动》《省退役军人创业创新大赛》进行直播。依托齐鲁晚报融媒体平台开设"山东省退役军人就业创业大讲堂"政策直播，打造出"老兵创业记"等深受退役军人欢迎的栏目，专题阅读量达到352.7万人次，社会各界及广大退役军人反响良好。

二、主题策划"升级"，氛围营造更加充分

坚持以热点"吸睛"，以重点"抓心"，实现多梯次推进、多平台报道、多角度剖析、多形式展示，聚焦服务对象，服务中心工作，因势而谋，提前做好媒体对接；紧盯热点话题，顺势而为、及时跟进做好再发掘再报道；紧盯退役军人关心关注，应势而动、做好互动回应宣传报道。

通过主动借势，紧贴重大节日时间节点，结合媒体资源优势策划丰富多样的宣传活动，展现山东风采。2021年，退役军人事务部"荣光之路"大型直播活动首站放在山东，累计吸引全国近1000万网友在线"打卡"，获得粉丝关注累计100万人，点赞300万余次，充分展示山东退役军人工作高质量发展进程中取得的实践成果，营造了尊崇军人，尊重退役军人的社会氛围。开展"英烈面孔——建党百年致敬革命先烈"活动，为100位革命烈士画像，制作播出《英烈面孔》100期，累计观看人次超过1亿。2022年，以"为烈士画像、送烈士回家"为主题，联系模拟画像专家开展为烈士画像活动，活动的相关短视频迅速在抖音传播，活动新闻和相关视频在微博、微信公众号、中央主流媒体网站、客户端报道播出，"109岁妈妈一眼认出烈士儿子画像""山东109岁母亲再见烈士儿子画像"等话题迅速冲上微博热搜，视频播放量324万次，单日阅读量达到690万次，话题阅读次数达7712.6万次。2023年8月，在繁杂的宣传工作中，做好谋篇布局，确保各项宣传活动稳步推进。齐鲁最美退役军人、齐鲁最美拥军人物、黄河魂 英雄梦——山东省讲好黄河流域英烈和退役军人故事、庆"八一"·山东老兵英雄赞歌系列节目、组织双拥主题晚会、点亮城市楼体灯光致敬军人、无人机飞行公益表演等活动相继启动播出。相关稿件被人民日报客户端、人民网、新华网、央视网、中国网等媒体、网站及客户端刊发或转载8800余篇，微博、微信等其他信息8200余条，见微知著，从不同角度反映了山东省退役军人工作经验做法，立体展现山东退役军人工作高质量发展进程中取得的成绩，宣传声量显著增强。

三、宣传质效"提升"，扩大宣传影响力

坚持"视野"向上，"笔端"向下，重点围绕退役军人典型宣传，深挖退役军人生动事迹。同时，向新技术借力，通过多样式的宣传形式，以媒体视角展示退役军人工作、展现退役军人风采，进一步推动宣传工作提质增效。

向上借力，提升宣传影响力。把杂志作为"政策窗口""工作指南""服务手册"。2023年，邀请退役军人事务部、部宣传中心来鲁采访采风，山东省高质量发展调研行"跟着厅长去调研"《这个'插班生'为何屡戴大红花》《盼了75年 终于"团聚"》《半个多世纪风雨无阻，我等的船一定来！》《131名"兵支书"扎根在巨野》《"军的力量"在方寸之间》《"山东老兵"当先锋上云端聚合力》等稿件在杂志及中国退役军人微信公众号刊发，立体展现山东退役军人工作取得的成绩以及优秀经验做法，新华社刊发《把最好的船用来干比挣钱更要紧的事——山东省荣成市人和镇院夼村拥军记事》聚焦威海荣成"拥军船"，环球网、澎湃新闻、凤凰网等媒体及网站转载报道60余篇，微博、微信370余条，微博话题#拥军船60多年义务为驻岛官兵运物资#阅读数超62万。

选树榜样，宣传工作可知可感。通过播放先进典型事迹视频，让退役军人受到尊崇、感到荣光，引导全省退役军人向身边的榜样学习，在全社会营造浓厚氛围。自2019年以来大力宣传"人民楷模"朱彦夫、"全国最美退役军人"张保国、尹力军、宋伟等先进事迹，推荐5名老英雄到基层开展党史宣讲。举行齐鲁最美退役军人发布仪式、十佳好军嫂发布仪式等活动宣传，紧贴时间节点，在大局、大势、大事上发力，巩固和壮大主流意识形态，引导广大退役军人汇聚正能量。通过挖掘身边故事，乡村"老军医"顾彦琪、"济南超人"许亮等退役军人故事被人民网、新华网等重点新闻媒体刊发，阅读量均破百万。大力加强"兵支书"队伍建设各市"兵支书"队伍成为乡村振兴特色品牌，针对全省"兵支书"村庄发展产业、实现乡村有效治理，开展线上广播电视网络融媒体宣传加线下定期现场活动相结合的长期性、系统性、持续性、阶段性主题赋能行动，培树更多退役军人先进典型。

创新形式，提升宣传效能。借助短视频平台、新型传播形式的东风，2023年组织开展"走在前 开新局"全省退役军人服务保障大型融媒直播活动，走遍山东省16市，深入服务第一线，沉浸式体验、行进式报道、互动式交流，发挥采编、发布渠道等优势资源，通过网络直播、短视频、H5等多种手段及时发布山东省退役军人服务保障工作好声音，截至目前，已走过10站，行程超4000公里，面对面采访142位退役军人，累计播放量超过1300万次，架起服务保障与退役军人的桥梁纽带，讲述齐鲁大地退役军人、退役军人工作者砥砺奋进的感人故事，展现新时代新征程退役军人服务保障工作实绩。

山东将进一步贯彻"强矩阵合作，全方位报道"的理念，聚焦中心工作，促进各项宣传策划落地落实，紧盯"舆论传播有导向、重大活动有作为、典型宣传有能量、主题策划有亮色、服务受众有温度"的目标，打造山东省退役军人宣传矩阵，为退役军人工作高质量发展营造良好氛围。

以"五大工程"为载体
推进退役军人宣传工作高质量发展

文／宋爱军

近年来，江苏省退役军人事务系统以持续打造"戎耀今生"工作品牌为牵引，充分发挥"五大工程"的载体作用，健全队伍、搭建平台、加强协调，有序有力推进宣传思想工作，有效增强社会公众对退役军人的了解和对退役军人工作的认知，有力助推江苏省退役军人工作高质量发展。

一、实施人才培养"强基工程"，打造骨干队伍

把宣传人才选拔培养摆在重要位置，打造一支政治过硬、本领高强、求实创新、能打胜仗的退役军人事务系统宣传人才队伍。严把选拔关，用准"好苗子"。选拔政治立场坚定、组织策划能力强、热爱新闻宣传工作且有一定工作经验的优秀干部负责新闻宣传工作，充分吸纳90后、00后人才，有效发挥年轻干部熟悉网络、思维活泛、创新能力强的优点。目前已构建起省、市、县"1+13+95"新闻宣传骨干网络，建立了近500人的专兼职宣传工作队伍，有效整合力量，推动工作共融、资源共享。严把培养关，锻造"好队伍"。采取组织专题培训，选送优秀宣传骨干到部省宣传机构学习跟训、到省市媒体实践带训等形式，引导各地宣传骨干边实践边学习、边工作边提高，系统学习新闻宣传业务、掌握新闻宣传规律、提高新闻宣传能力。先后选派10多名宣传骨干赴部宣传中心、省厅办公室跟班学习，

有效提升江苏省退役军人宣传工作队伍综合素质。严把使用关，有效"强活力"。不断健全奖励激励机制，激发广大宣传骨干投身退役军人宣传事业的积极性、主动性、创造性。根据宣传工作成效，每年评选全省退役军人宣传工作先进集体和先进个人，在全省退役军人工作会议上进行表彰；推荐优秀代表参评《中国退役军人》宣传工作先进单位和先进个人，推荐优秀作品参评优秀作品和好作品，并及时通报各地。

二、实施媒体协调"桥梁工程"，凝聚媒体力量

切实加强与新闻宣传主管部门、主流媒体等的沟通协调，采取有效措施，有效凝聚媒体力量。密切部门沟通协调。密切与各级党委、政府新闻宣传主管部门等的沟通协调，加强军地宣传部门间的联动，配合做好主题宣传活动，争取指导支持。会同江苏省军区政治工作局、省文联组织开展"赞颂新时代、喜迎二十大"退役军人书画摄影展，邀请多位军队离退休老首长参与活动并题字，组织各地选送2000余件优秀作品，全平台同步开展宣传，展览共吸引20万人次参观，取得良好社会反响。建立联动宣传机制。畅通与中央媒体、退役军人事务部宣传中心和省市主要媒体交流协作，建立健全"条口"记者常态化联络机制、工作通报机制，及时提供新闻素材、加强新闻宣传协同。2023年春节期间，第一时间收集各地老兵送祝福新闻素材，配合新华社开展"我家有老兵·春节特辑"特别报道，浏览量突破130万。每季度召开退役军人新闻宣传工作例会，选定主题，明确要求，形成宣传合力。定期开展主题采访。定期开展媒体记者采风活动，组织媒体记者深入基层、深入一线，聚焦重点工作、重要任务、重大活动，聚焦退役军人模范人物、先进典型等，开展

专题采访。近年来，聚焦双拥模范城创建、抗美援朝战争胜利70周年等，立足江苏退役军人工作特色亮点，联合新华社、新华日报、部宣传中心等媒体，已协同开展30余次主题采访活动。

三、实施矩阵建设"平台工程"，形成联动合力

积极顺应全媒体时代要求，按照电视有画面、电台有声音、报刊有文章、网络有信息、手机有推送的宣传效果，打造全媒体矩阵，构建大宣传体系。载体建设"全领域"。加强退役军人事务系统媒体矩阵建设，打造全方位、多层次、宽领域宣传格局。以省厅官网及微信公众号为基础，指导各地开通多种政务新媒体平台。在《人民日报》《解放军报》《新华日报》等纸媒开设专版专栏，与央视、江苏卫视等电视台建立协同报道机制，全面展示江苏退役军人工作创新创优成果。平台覆盖"全方位"。全省所有设区市以上退役军人事务部门至少开通一种政务新媒体平台（网站、微信公众号、微博、

江苏省纪念延安双拥运动80周年暨"最美拥军人物""最美军嫂""最美退役军人"发布活动现场合照

视频号等）。微信公众平台实现市级全覆盖、县级广覆盖、基层按需覆盖，部分地区在"学习强国"学习平台、《人民日报》、今日头条等平台开通官方账号，全方面、多角度展示江苏退役军人工作的新进展、新情况、新成就。媒体融合"全流程"。加强多种媒体融合报道，重大活动全流程同步立体宣传，营造声势、扩大影响。连续举办三届"最美退役军人""最美拥军人物""最美军嫂"发布活动。活动前，《新华日报》多个版面整版报道"最美"先进事迹，多级宣传平台同步开展宣传预热；活动中，开通网络直播，观众可同步观看并留言互动，在线收看和回看人数达到53万多人次；活动后，新华社、中央电视台、央广国际以及江苏卫视、新华日报、江苏电台等媒体对活动进行了广泛报道，在全社会形成较好反响。同时，收集整理社会各界对"最美"发布活动的感受，形成专题报道。

四、实施聚焦中心"助力工程"，放大宣传音量

把围绕中心、服务大局作为开展退役军人宣传工作的基本职责，始终坚持正确政治方向，为推动省委、省政府和退役军人事务部决策部署落实营造良好舆论氛围。围绕主题主线宣传。牢牢把握正确的政治方向、舆论导向、价值取向，全方位、多层次、多声部传播党的创新理论，精准推送党的最新理论成果；紧密联系退役军人思想和工作实际，开展形式多样的主题宣传，推动党的二十大精神学习宣传贯彻走深走实；创新做好主题教育宣传报道工作，坚持一体策划、一次采集、多种生成、多元分发，及时反映江苏省退役军人事务厅主题教育进展成效。围绕重大部署宣传。围绕部省明确的重点工作任务、重要会议精神，开展深度策划，推出系列报道。2022年，优待证发放工作启动后，全省各地陆续发布优惠政策。会同各

大媒体，第一时间联动发布各地优待举措，定期整理汇总全省各地优待政策，开展集中宣传，省厅公众号《请收藏，江苏省及13市退役军人优待政策（部分）汇总》一文阅读量突破"10w+"，有效扩大优惠政策的知晓度。围绕重点活动宣传。围绕退役军人工作创新创优项目、重大活动等，策划实施主题宣传活动，以良好的舆论环境助推退役军人服务保障质效提升。2022年起，江苏启动全省创新创优工作评选，在评选过程中，全省各级媒体平台同步开展宣传工作，新媒体平台发布报道超100篇，《工作简报》发布信息近50条，部分优秀做法推荐至部省媒体及信息刊物，为创新创优项目推进营造了良好氛围。

五、实施典型培树"引领工程"，传承红色基因

在深入调查研究的基础上，有计划、有重点地推出退役军人先进典型，重点宣传好最美退役军人、全国模范退役军人和各地退役军人先进典型等的生动故事。讲好"最美"故事。广泛开展"最美退役军人"学习宣传活动，吴惠芳、何健忠、窦正满和如东电网退役军人党员服务队连续入选全国最美退役军人。省市县各级广泛开展"最美退役军人"选树和宣传活动，先后发掘和宣传最美退役军人800多位，全方位、多角度展示了江苏退役军人风采，有效营造了致敬"最美"、学习"最美"、争当"最美"的良好氛围。讲好"老兵"故事。广泛开展"老兵永远跟党走——老兵宣讲"活动，人民网、新华社"我家有老兵"专栏多次聚焦江苏省老兵故事，多名老兵被聘为全国老兵宣讲员。老兵唐传贵从事"特种垃圾清掏"工作，30年如一日在平凡的岗位上勤勤恳恳。为深入挖掘其先进事迹，《解放军报》、省厅、泰州市局三方联动，组成主题采访团，深入唐传贵

家中、工作单位开展调研采访，充分挖掘其身上的闪光点。《用一身泥泞 换满城清新》一文引发强烈反响。讲好"典型"故事。深入挖掘全省退役军人在基层治理、乡村振兴、志愿服务、就业创业中的先进事迹，广泛开展退役军人先进典型事迹专题宣讲活动，在各类媒体发布"兵支书""兵教师""兵专家"等优秀退役军人信息1.5万余条，有效发挥典型引领作用。

用心讲好退役军人故事
为推动浙江退役军人工作高质量发展多作贡献

文／殷忠好

伟大的时代要有伟大的精神底色，伟大的时代也要有不凡的传声立言。身处"共同富裕示范区先行和省域现代化先行"的之江大地，如何在时代背景下因时而谋、应势而动、顺势而为，用脚力、眼力、脑力、笔力记录最可爱的人的事迹、讲述最可爱的人的故事，是浙江退役军人事务系统组建以来不变的初心和使命。

5年来，浙江省退役军人事务系统始终坚持以习近平新时代中国特色社会主义思想为指导，深入学习贯彻习近平总书记关于退役军人工作重要论述和考察浙江重要讲话精神，深刻把握新发展阶段宣传工作面临的新形势新任务新要求，坚持边学习边宣传边工作，用心讲好退役军人光辉光鲜光亮光彩故事，努力推动浙江省退役军人工作高质量发展。

用好平台资源，用心讲好老兵故事。注重用老兵故事激励世人，凝聚全省力量，较好擦亮了浙江退役军人工作的辨识度。

2022年9月13日至29日，在退役军人事务部推荐下，央视《老兵你好》栏目走进浙江，以"兵心耀之江、奋进共富路——喜迎党的二十大"为主题，筹划拍摄浙江省各行各业为共同富裕先行做出突出贡献的优秀退役军人，以访谈形式讲述浙江退役军人在共同富裕道路上的奋斗故事。4期系列节目已于10月15日至11月5日播出，每期收视率峰值居同时段同类别节目前列，累计播出16次，节目播出触达人次1400万，重首播触达人次3523万，有效激发广大退役军人踔厉奋发、勇毅前行的正气、骨气和士气。

早在2022年4月，浙江省退役军人事务厅会同央视《老兵你好》栏目组，进行主题商议和人物筛选。7月，协调栏目组一行近50人，分6路前往杭州、宁波、湖州、嘉兴、绍兴、台州、丽水等7市21个县（市、区）开展前期实地拍摄，7天行程3600公里，采访拍摄22名优秀退役军人奋斗历程。9月26日至28日，栏目组在杭州城市阳台搭建舞台，以钱江潮和"老兵你好"大型灯光秀为背景，对浙江省各行各业优秀退役军人典型进行集中访谈，圆满完成4期喜迎党的二十大系列节目和4期个人专题节目录制任务。

主题突出，有鲜明的浙江辨识度。在党的二十大召开前夕，央视7套《老兵你好》栏目以浙江共同富裕示范区建设为切入点，选取为共同富裕示范区建设发展作出突出贡献的退役军人代表，讲述他们坚定不移沿着习近平总书记擘画的宏伟蓝图团结奋斗的故事，主题重大，特色鲜明。

全面深入，大范围展现退役军人风采。秉承"优中选优"原则，选定22名共同富裕道路上的退役军人进行全面深入采访报道，并确定"共富美丽乡村""共创现代农业""共建绿水青山""共进永在

2023年3月，浙江省江山市返乡退役军人母子相拥。

2023年9月8日，浙江省湖州市长兴县退役军人事务局、太湖图影退役军人服务站组织开展国防教育宣讲活动。

路上"等专题，每个专题遴选4-5名退役军人共富典型，采取"主讲+群访"形式，进行深度访谈，以点带面、以个人带群体，描摹出浙江共同富裕道路上奋斗的老兵群体形象。在"共富美丽乡村"专题，以"兵支书"群体为访谈对象，讲述乡村共富故事，展现浙江新农村建设日新月异的变化。在"共创现代农业"专题，选取刻苦钻研现代农业技术，通过技术创新实现突破发展的退役军人代表，讲述他们从"门外汉"到技术标杆的经历，以及带领群众致富的故事。在"共建绿水青山"专题，选取5名退役军人讲述他们践行"两山理念"，走绿色、创新发展之路，并带领群众从绿水青山走向共富美好生活的故事。在"共担时代责任"专题，选取4名优秀创业退役军人典型，讲述他们在推动退役军人就业创业，以创业带动就业，在共同富裕道路上引领广大退役军人携手共进、并肩前行的故事，努力实现在共同富裕道路上退役军人"一个都不掉队"。

兵潮涌动，之江大地尊崇氛围浓厚。《老兵你好》栏目组拍摄人员，不仅为浙江退役军人奋发有为的激情所感动，还为各地关爱老兵、服务老兵、激励老兵的各项政策措施落实所感染。参加现场录制的8批近400名观众聆听老兵故事，深受感动，更加激发他们"学习老兵、致敬老兵、奋发进取"的行动自觉。

《兵心耀之江、奋进共富路》4期节目于2022年10—11月播出后，央视军事、省直部门官微、全省系统各级官微联动在微博、微信、抖音等各大网络平台进行宣传，在微博开设"兵心耀之江"话题，阅读量近300万。央视首播平均收视率达到0.0625%，在全国同时段播出节目排名前15，节目播出触达人次达3523万，其中第二期《共创现代农业》收视份额0.54%。

突出向战为战，全力激发军心士气。坚持把宣传关口前移至部队，积极开展退役返乡"六个一"活动，激发现役军人练兵士气。

每年退役季，全省各地围绕"送一批政策到部队、举行一次返乡欢迎仪式、召开一次退役军人座谈会、举办一次家乡发展成就图片展、举行一场退役军人专场招聘会、制作一本军人退役'一件事'服务指南"，开展形式多样的退役军人返乡欢迎活动，产生较好社会效果。2022年9月至2023年9月底，全省共计接收退役士兵3万余名，送政策到部队1000余场次，召开座谈会360余场，举行欢迎仪式800余场，举办图片展200余场次，举行专场招聘会1400余场，制作"一件事"服务指南4万余份。

送一批政策到部队。全省101个市县纷纷结合退役季，组织退役军人事务系统工作人员、法律人员深入驻浙部队开展政策宣讲、解读安置政策、协调就业岗位等。杭州市退役军人事务局联合市司法局开展"迎八一、强服务"法律援助志愿活动，让更多军人军属和退役军人享受就近就便法律服务。平湖市组成"法律进军营"慰问组为驻平部队官兵们送去"法治大餐"和夏日慰问品，发放法律援助学习宣传资料并为官兵们答疑解惑。慈溪市退役军人事务局选派业务骨干走进军营——武警慈溪中队，为全中队官兵们进行政策宣讲和辅导。

举行一次返乡欢迎仪式。全省11个设区市全部举行返乡欢迎仪式。杭州市上城区协调5部门共同欢迎165名老兵返乡，区领导现场为退役军人代表赠送纪念品并勉励他们多为家乡经济社会建设积极贡献力量。东阳市为退役军人送上"尊崇礼包"，内装1本《习近平新时代中国特色社会主义思想学习纲要》、1本笔记本、1本"退役一件事"服务流程宣传手册、1份优待政策解读、1份适应性培训指南，让他们感受到家的温暖。江山市专门邀请全国退役军人模范为退役军人披上绶带、送上鲜花，表达美好祝福。

召开一次退役军人座谈会。坚持问计于兵、用心聆听退役军人需求。嘉兴市共召开退役军人座谈会136场，参加人数3600余人。衢州市以县（市、区）为单位，举办100余场退役军人座谈会，详细介绍区域经济发展趋势以及当前针对退役军人的优惠政策。杭州市余杭区分层召开50余场军转干部、退役士兵座谈会，让大家共同忆往昔、找初心，分享他们在部队训练生活的感受、收获，畅谈对军旅生涯的感悟。新昌县开展"一对一、面对面"座谈交流活动，了解退役军人家庭状况、人员去向、思想动态等，加强与退役军人沟通联系。

举办一次家乡发展成就图片展。让返乡退役军人感悟家乡巨变，感受社会尊重。湖州市通过组织实地参观和观看图片、视频方式，让退役军人深切感受家乡新发展、新面貌，以最快速度了解家乡、爱上家乡、融入家乡。杭州市西湖区举办"铸军魂、耀戎光"退役军人书画作品展，筛选出100余幅反映时代发展、军人精神的优秀作品进行展陈。温州市瓯海区组织退役军人参观中国（瓯海）眼镜小镇、中共浙南一大会址、仙岩梅雨潭景区；洞头区组织退役军人参观洞头女子民兵连纪念馆等。

举行一场退役军人专场招聘会。多措并举为退役军人充分就业提供各种条件。杭州市开展退役军人（随军家属）专场招聘会，招聘会筛选200余家企业，8900余个就业岗位，为退役军人（随军家属）提供"线上+线下"一站式就业综合服务。宁波市奉化区举办"'奉'勇争先，'职'等你来"退役军人就业创业精准对接会，吸引100余家企业参加，推出高质量可成长岗位320余个，平均月薪超过6200元。永康市开展"四送四助"专题活动，为400多名返乡退役军人提供"一步到位"式服务，帮助他们实现人生转型、事业转轨。

制作一本军人退役"一件事"服务指南。让曾经的烦心事变成如今的高兴事。金华市累计为2300余名退役军人办理"一件事"业务，办结率100%。瑞安市委改革办、公安、人社、退役军人和医保等9部门联合制定军人退役"一件事"联办服务指南，实现11项手续"一窗"办理，开启军人退役事项"一件事"联办2.0版。平湖市创新实行"无差别"办理模式，开通"一证通办"，先后办理军人退役"一件事"2196人次。龙游县创建"龙游通+双拥在线"平台，开设"掌上看""掌上办""掌上查"三大版块，为退役军人提供入伍、服役、退役、就业、优待等"军人一生事"服务。

围绕让军人成为尊崇的职业，动员引导全省退役军人同唱《退役军人之歌》，凝聚向上奋进力量。截至2023年6月底，全省各地共组织传唱活动5700余场，2.7万余名系统干部职工、90余万名退役军人参加传唱。

先行指导试唱。坚持把唱好《退役军人之歌》作为凝聚退役军人共识，激发退役军人活力的有益抓手，省退役军人事务厅联合杭州市上城区退役军人事务局指导原武警浙江省文工团副团长、中国优秀青年词曲作家、退役军人郑俊海试唱《退役军人之歌》，然后在全省传唱。绍兴市最美退役军人丁奇专门培训带动一批20人次的小教员，通过现场试唱，微信、抖音、快手等短视频教唱方式，教唱《退役军人之歌》。

灵活组织教唱。浙江省各地采取线上线下结合、系统内外互动、干部群众同唱等方式唱响《退役军人之歌》。温州市退役军人事务局联合市总工会、市文旅局师资力量，教唱《退役军人之歌》。平湖市双拥文化艺术协会专业老师与8个镇街道开展一对一教学诵唱活动。龙泉市退役军人事务局联合市文化馆进行教唱。

多措并举宣唱。运用"报、网、端、微、屏"等媒介资源，采取悬挂横幅、广场大屏、公众号推送、微信群发、直播联动，开通热线等形式，进行广泛宣传发动。浙江省退役军人事务厅微信公众号发布《退役军人之歌》伴奏曲。嘉兴市在嘉兴革命纪念馆、嘉兴地方党史陈列馆、嘉兴王洪合纪念馆举行快闪活动，制成合唱视频。金华市退役军人"红星突击队"创作《红星准备就绪》原创歌曲，在金华非遗官方视频号播出。丽水广播电台《老兵你好》栏目每天播放《退役军人之歌》，进行正能量宣传。

全域开展传唱。全省各地纷纷开展传唱活动，10月16日系统广大党员干部在观看党的二十大开幕会前，纷纷唱响《退役军人之歌》，表达热爱之情。浙江省荣军康复医院组织优抚对象在短期疗休养期间，开展《退役军人之歌》大合唱活动，让参与老兵感受到革命精神熏陶，获得精神和身体双重调养。衢州市结合"2022年自主就业退役士兵适应性培训""2022年政府安排工作退役士兵岗前培训"等活动，组织退役军人集中传唱《退役军人之歌》。台州市采取"服务中心现场唱、双拥广场开幕唱、志愿服务温情唱、荣军医院组织唱、发动老兵线上唱"等方式进行传唱，营造浓厚氛围。

守正创新　奏响南粤高质量发展强音

文 / 王创　叶婷婷

广东省退役军人事务厅组建以来，始终坚持以习近平新时代中国特色社会主义思想为指导，始终牢记习近平总书记组建退役军人管理保障机构的战略考量，深入学习宣传贯彻党的二十大精神，深刻领悟"两个确立"的决定性意义，坚持把新闻宣传作为推动退役军人工作高质量发展的重要抓手，把牢正确政治方向，不断健全宣传机制，完善媒体矩阵，创新宣传内容，丰富宣传载体，拓展宣传渠道，着力构建双向互动、上下协同、紧密联系、齐抓共管的大宣传格局，连续四年被退役军人事务部办公厅评为《中国退役军人》宣传工作先进单位，并在广州举办的全国退役军人事务系统新闻宣传工作培训班上做经验交流。

一、筑牢根基，厚植宣传"沃土"

始终坚持党对新闻宣传工作的全面领导，切实加强组织保障，抓紧抓牢新时代意识形态工作话语权。一是强理念。全面贯彻落实习近平总书记关于退役军人工作和宣传思想文化工作的重要论述，落实意识形态工作责任制，坚持使新闻宣传工作与党、国家和军队的全局工作同频共振，与退役军人事务部和省委、省政府中心工作同步共进。二是强组织。厅领导对新闻宣传工作高度重视、成立厅新闻宣传工作领导小组，每年制定印发厅意识形态工作要点，召开新闻媒体座谈会，厅主要领导出席与媒体座谈交流；连续两年组织

01

创建省、市、县三级新闻宣传通讯员队伍 **200** 余人。

02

《广东退役军人》内刊累计编印 **24** 期，每期 **3万** 本，精准派送到全省 **1800镇** 街和 **2.5万** 个村（社区）退役军人服务站。

03

广东省退役军人事务厅官方网站年更新超 **2300** 条，总访问量 **2600万**。

04

广东省退役军人事务厅官方公众号粉丝量 **37万**，年均推送 **800** 篇报道，阅读量过万的 **300** 余篇。

05

广东退役军人官方抖音号及视频号粉丝量共 **19万**，累计发布视频 **700条**，累计总播放量 **1.2亿次**。

06

南方+客户端广东退役军人频道全网流量超 **1000万**，累计发布 **500篇** 报道。

07

退役军人事务部属媒体平台矩阵采用 **700** 余篇（条）稿件。

08

累计开展"走基层·走军营·走红色足迹"——中央、省市媒体采风行活动 **5期**，累计发布报道 **286篇**。

09

参与《广东开学第一课》，进行"尊崇英雄模范、传承红色基因"校园宣讲活动，点击量 **1.12亿**。

10

拍摄《南粤百岁老兵》系列荣获北京第四届中国短视频大会纪实类短片全国三等奖；退役军人微电影《五十里地稻花香》被评为2023年度全国微视频短片推优展播活动电影短片类二等奖。

中央、省市媒体采风行活动，厅主要领导在启动仪式上授旗；厅主要领导还多次接受南方日报、广东广播电视台等媒体专访。三是强制度。完善新闻宣传统筹机制，先后出台《广东省退役军人事务厅政务信息工作规定》《新闻宣传工作管理办法》，明确全省新闻宣传工作规范要求，持续提升宣传质效。把新闻宣传工作纳入系统全年工作目标责任考核之中，年度进行通报，切实激活新闻宣传动力。健全沟通联系制度，创建省、市、县通讯员微信群，建立200余人的兼职通讯员队伍，形成覆盖省市县的新闻宣传网络。与中央、省级主流媒体建立固定联系制度，定期与跑线记者座谈交流，凡重大活动及时与各级媒体联系通报、提供线索，形成新闻宣传强大合力。建成"中央厨房"采编制度，打破宣传板块分割运作模式，统筹采访、编辑和发布力量，实现"一次采集、多元生成、多渠道传播"，切实发挥集中指挥、高效协调、采编调度、信息沟通等功能。

二、做大做强，构建立体宣传阵地

加强联系协作，筑牢宣传平台，努力讲好广东退役军人故事、退役军人工作故事，在全社会营造浓厚尊军崇军氛围。一是建强宣传主阵地。自组建起，第一时间开通厅官方网站、官方微信，2020年创办内部刊物《广东退役军人》，2022年探索打造官方短视频，开设抖音官方号"广东退役军人"和微信视频号，目前，已搭建体系化宣传平台，构建起"一网一微一刊一号一端"全媒体宣传主阵地。截至目前，官方网站年更新超2300条，总访问量2600万；官方公众号粉丝量37万，年均推送800条报道，阅读量过万200余篇；内部刊物《广东退役军人》编印24期，每期印发3万本，精准派送全省四级退役军人服务中心（站）27796个，赠阅退役军人事务部宣传中心、省级媒体，每期为新疆、西藏地区寄送100本，分享交流广东退役军人工作经验做法，展现南粤退役军人风采风貌。官方抖音号及视频号粉丝量共19万，累计发布视频700条，累计总播放量1.2亿次，累计点赞量170万次，累计评论量6.5万余条。二是持续扩大"朋友圈"。在与新华社、中央电视台、解放军报等中央媒体加强合作的同时，建立媒体项目合作机制，与南方日报集团深度合作，2023年正式上线南方+客户端广东退役军人频道，邀请各地市退役军人事务局入驻，及时报道最新最全的退役军人资讯。近期，还连续开展6期"广东退役军人工作高质量发展"系列报道，全面解读广东退役军人工作施工图。联合南方周末深度报道罗耿桦、吴超等深圳先行示范区高精尖典型退役军人创新创业；联合新快报开设"退役军人乡村振兴勇当尖兵"典型人物宣传报道，推出24版，47位退役军人先进典型宣传报道；联合南方农村报开展"建功乡村振兴新战场"优秀兵支书专题报道。与广东经视合作拍摄10集"广东南粤百岁老兵影像记录"和"小记者对话百岁老兵"，荣获第九届广东省网络文化精品宣传150个作品第2名；参与《广东开学第一课》，进行"尊崇英雄模范、传承红色基因"校园宣讲活动，活动当天直播点击量超1.12亿。与羊城报业集团合作拍摄4部退役军人代表微电影，阅读点击播放量破200万。与广东经视合作出品6集《"老兵永远跟党走"之时代先锋访谈录》，充分彰显"老兵"精神。发布《"老兵永远跟党走"之同唱〈领航〉跟党走》MV，在全省掀起学唱传唱热潮。

三、出新出彩，展示生动鲜活实践

坚持内容为王，加强宣传主题、宣传语言、宣传形式创新，围绕高质量、聚焦正能量、形成大流量，生动展示退役军人高质量发展成效。一是紧扣重点，精心做好选题策划。每年制定年度新闻宣传计划，明确全年宣传重点和宣传节奏，提升宣传成效。组建以来，聚焦党的二十大、"七一"、"八一"、烈士纪念日等重要时间节点，开设"奋进新征程·建功新时代""新时代退役军人奋斗榜样"等主题宣传，精心策划"战友故事"以及"八一"等重要节日节点特别选题，阅读量过万的有200余篇。官方抖音号、视频号围绕重大节日、重大活动、重要政策，加强宣传策划，其中策划"2023年直招军官开始报名，退役军人年龄放宽！"单条播放量近700万；策划"百岁老兵重温烽火岁月"单条播放量475万。二是讲求宣传艺术，创新形式载体。架起信息互通之桥，发挥"黏合剂"作用，每年组织开展2-3期"走基层·走军营·走红色足迹"——中央、省市媒体采风行活动，邀请人民日报、新华社、中央电视台、南方日报等24家中央、省市媒体共同参与，共发布新闻报道269篇（次）。2023年以来，积极与央视军事频道《老兵你好》合作，连续多期配合节目组在广州、深圳、惠州等地采访老兵进行节目制作；创新拍摄《我在大湾区退役》《英烈文物有话说》《历史的光芒》等展现南粤退役军人及退役军人工作风采风貌的新闻宣传片，积极营造强大宣传声势。三是加强深度对接，唱响"广东声音"。紧密与部办公厅、部宣传中心对接，始终将《中国退役军人》杂志、部官网官微作为指导全省退役军人新闻宣传工作的重要渠道，截至目前，退役军人事务部网站"地方动态"采用400篇（条）；退役军人事务部微信公众号、《中国退役军人》微信公众号采用200余条，在《中国退役军人》累计发表稿件92篇（幅）。协助部宣传中心在粤开展"荣光之路""新春走基层"等大型采访主题活动，在《中国退役军人》杂志呈现，持续提升"广东声音"全国影响力和传播力。在全国"奋进新征程"

主题成就展中，首届全国退役军人创业创新大赛颁奖典礼、深圳龙岗优待等重要资料图片均被采用，并在中央综合展区国防和军队建设主题区中进行展览。四是弘扬军人本色，浓厚社会氛围。加强正面典型宣传工作，坚持讲好优秀退役军人故事、讲好全社会关爱退役军人故事。深挖卢可飞、陈喜初等抗美援朝老英雄、老战士，挖掘盘明华、吴志辉等"兵支书"，吴锐亮、周园等年轻典型老兵创业人物故事。2022年起每周定时报送"新时代广东退役军人优秀典型"人物稿至5家主流媒体，被采用百余篇（次）；在中国报道网开设"新时代退役军人奋斗榜样"网络专题宣传，累计报道78位优秀退役军人；中国军网"了不起的退役军人"专栏，先后报道广东省优秀退役军人20篇，力展广东优秀典型退役军人风采风貌，营造了尊崇军人职业、尊重退役军人浓厚氛围，有力激发了广大退役军人投身强国兴军事业的磅礴力量。

举旗铸魂　守正创新
讲好安徽退役军人故事

文／娄程　梅良仿

安徽省退役军人事务厅成立以来，深入贯彻落实习近平总书记关于宣传思想文化工作和退役军人工作的重要论述，深刻认识退役军人宣传思想工作的重大意义，举旗铸魂、守正创新，全方位构建"点面结合、多维立体、特色鲜明"的宣传格局，提高宣传思想工作传播力、引导力、影响力、公信力，为安徽退役军人工作高质量发展提供坚强思想保证和强大精神动力。

一、注重举旗铸魂，紧跟主题主线，提升宣传思想工作"引导力"

五年来，始终坚持以退役军人为中心的工作导向，把准正确政治方向、舆论导向、价值取向，把宣传工作与中心工作同步谋划、同步推进，推动宣传思想工作不断强起来。

唱响主旋律。2021年，在建党100周年之际，在全省充分开展"老兵永远跟党走""红耀江淮"等系列宣传活动。2022年，深入学习宣传贯彻党的二十大精神，提前筹划"喜迎二十大 红心耀江淮"主题宣传，组织退役军人参加党的二十大精神宣讲和网上答题活动，迅速掀起学、宣、贯热潮，营造浓厚氛围，引导全省系统特别是广大退役军人"绝对听党话，铁心跟党走"。2023年，紧抓深入学习贯彻习近平新时代中国特色社会主义思想主题教育契机，通过合作媒体、官网官微等平台，开设专题专栏、权威访谈、专家解读，深入宣传阐释习近平新时代中国特色社会主义思想的精髓要义、丰富内涵和实践要求。

把握主基调。每年年初，根据部、省相关部署要求，结合思想引领、安置就业、拥军优属、优待褒扬等年度重点工作和重要时间节点，统筹谋划全年宣传工作任务，明确年度宣传工作主题和重点方向。比如，把每年"八一"定为"双拥宣传月"，重点宣传拥军优待工作。2022年，自"八一"当天《安徽日报》4个整版，连续6天持续报道双拥工作，图文并茂，聚成声势；《安徽商报》策划5个整版"永远的战士"特别报道，聚焦典型，导向鲜明。一系列重磅宣传，在江淮大地持续营造"爱我人民爱我军"的浓厚舆论氛围。

做大主流量。坚持以重大事件为契机，深挖退役军人生动事迹和退役军人工作创新实践，不断做大宣传流量。2022年8月，习近平总书记给黄山风景区工作人员李培生、胡晓春回信。安徽省退役军人事务厅突出胡晓春退役军人身份属性，从展示退役军人风采的角度入手，策划采写《迎客松下的"哨兵"》《我们都是收信人》等稿件，《中国青年报》《中国退役军人》杂志等重点刊发后，迅速在新媒体、自媒体平台"破圈"，阅读触达量超2000万。2023年8月，习近平总书记给潜山野寨中学新考取军校的20名同学回信。安徽省退役军人事务厅协调配合省委宣传部，组织中央和省内主流媒体，迅速掀起宣传、学习热潮，新华社以《青春的选择——安徽省潜山野寨中学20名同学从军报国记》刊发后引起强烈反响，激发广大青年学子参军报国热情。

二、注重资源整合，运用市场逻辑，打造宣传品牌"影响力"

宣传工作是横向、纵向相互发力的"立体作战"，系统成立之初，如何解决经费与专业宣传力量不足等问题。安徽省退役军人事务厅注重运用"市场的逻辑谋事、资本的力量干事、平台的思维成事"，发挥"一贯到底"的系统优势，整合系统内外资源，有效解决宣传力量、经费、平台等瓶颈，打造安徽退役军人宣传品牌影响力。

市场逻辑，解决经费不足难题。成立之初，宣传工作可以说是从零开始。兵马未动，粮草先行。如何解决系统内宣传经费不足问题是头等大事。2020年12月，安徽省退役军人事务系统探索出由省厅牵头搭台，邮储银行安徽分行赞助130万元经费，人民网安徽频道、安徽日报社、安徽广播电视台等4家主流媒体联合开设"邮储银行杯·我的退役故事"专栏，自此，一个由"政府部门搭台、爱国拥军企业赞助、新闻媒体共采"的全新宣传工作模式诞生，立体式、融媒体、全覆盖的宣传格局成形成势。当年，4家主流媒体平台持续推出200余篇精品力作，影响辐射了全省近170多万退役军人，也让邮储银行爱国拥军口碑深入人心。为此，2022年1月，邮储银行安徽省分行主动提出签订战略合作协议，3年拿出500万，持续打造"邮储银行杯·我的退役故事"系列宣传活动品牌。有了充足的经费保障，全省退役军人宣传工作不断走深走实、出新出彩。2023年开展的"了不起的创业兵"主题宣传，通过5个媒体平台的共同发力，联动相应的抖音、快手、微博、视频号等多平台，讲述了99名安徽老兵创业好故事，传播触达量达1.3亿，有力推动了安徽军创品牌的传播力、影响力。省直相关单位专门来厅学习宣传工作模式，安徽退役军人宣传媒体"朋友圈"不断扩大，省内合作银行纷纷抛来"橄榄枝"。2023年，工商银行安徽省分行承诺出资600万，连续3年赞助"安徽最美退役军人""安徽最美拥军人物"发布仪式及相关宣传工作。

　　借势借力，创新专业队伍建设。做好退役军人宣传思想工作需要讲好退役军人故事，这就要求建立一支强有力的宣传工作队伍。成立之初，系统内部宣传力量匮乏、专业性严重不足。为此，省厅专门组建信息宣传工作专班，建立覆盖省、市、县三级的信息宣传员队伍，搭建"全省信息宣传工作""退役军人新闻线索"等微信群，定期组织"小培训、小练兵"活动，锻炼提升宣传人员工作水平。在此基础上，经过3年的探索，安徽宣传队伍建设实现迭代升级。2022年7月，省厅与安徽日报报业集团签署战略合作协议，在安徽日报农村版报社挂牌成立安徽省退役军人宣传工作站，建立开通覆盖省、市、县三级的"老兵融"专属频道，实现退役军人宣传工作阵地走进党报平台，依托党报专业力量建立体外的专业专属宣传队伍。目前宣传工作站专职工作人员5名，随着系统入驻"老兵融"

滁州市全椒县荣汇广场"全优享"项目拥军优抚示范店，退役军人可以凭借优待证享受优惠。梅良仿　摄

数量的增加，宣传站工作人员相应增加。运营以来，全省退役军人工作宣传专业性和影响力得到很大提升，退役军人工作宣传深度有力，在全省引起较大反响。

强化合作，搭建专属推宣阵地。宣传中心成立以后，策划了"荣光之路""高质量发展调研行"等一系列重磅活动，迅速打出退役军人宣传工作的影响力。受此启发，安徽创新搭建"专属阵地牵引、'多驾马车'并进"的宣传阵地。2022年7月，省厅与安徽日报报业集团签署战略合作协议，依托安徽"党媒云"融媒体平台上线"老兵融"，开通覆盖省、市、县三级的专属频道，实现退役军人宣传工作阵地走进党报平台，安徽退役军人宣传从此有了专属宣传阵地。目前，"老兵融"先后推出"新时代谱新篇""红润江淮"等专题，刊发各类稿件1.3万余篇，并在安徽日报刊发9个"老兵融"专版，宣传作用凸显。依托部宣传中心专业平台优势，将"中国退役军人"全媒体矩阵作为讲好安徽退役军人故事、宣传安徽退役军人工作大平台，推动安徽退役军人工作宣传再上台阶。充分发挥党委退役军人事务工作领导小组机制作用，建立健全宣传工作引导机制，加强与中央、省内主流媒体联系，开展媒体通气会、新闻发布会、集中采访活动40多场次。打造条、块、点结合的宣传展示平台，会同新华社安徽分社、人民网安徽频道、安徽日报、凤凰网安徽等媒体开展8次业务版块巡礼、7次地市融媒体采访、5次厅局长访谈。活动一经推出，广受欢迎，很多地市主动上门沟通，宣传工作真正做到有声有色、有滋有味。

三、注重典型引领，汇聚榜样力量，营造尊崇尊重氛围"生命力"

宣传思想工作必须胸怀大局、把握大势，充分发挥典型的正向引领示范作用，营造出争做先进、见贤思齐的浓厚氛围，真正汇聚各方力量，不断强信心、聚民心、暖人心、筑同心。

围绕重大主题强势宣传。做到"事前有方案，事中有声势，事后有追踪，全程有复盘"，通过前期预热宣传、集中重点宣传、深度挖掘宣传，提高重大主题活动宣传覆盖面和影响力。2023年，围绕纪念抗美援朝战争胜利70周年主题，联合中央、省内主流媒体，全景展现抗美援朝老兵风采。协调新华社开展"我家有老兵·抗美援朝特辑"主题宣传；协调安徽日报社策划"忆峥嵘——听最可爱的人说""永不磨灭的记忆"等主题，以6个整版刊发10位老兵事迹；策划"勋章"系列主题宣传，邀请抗美援朝老兵口述历史，采制65期人物专访，200多条短视频全网传播量超1500万，真正让安徽老兵故事"飞入寻常百姓家"。

围绕优秀典型广泛宣传。五年来，以安徽"最美退役军人""最美拥军人物""最美军嫂"等先进典型选树宣传活动为重要抓手，通过在安徽日报、安徽广播电视台等重要版面开辟专栏、专题报道、短视频展播等形式，对获评的50名"最美退役军人"、30名"最美拥军人物"进行广泛宣传。协调中央主流媒体，对"迎客松下的哨兵"胡晓春，"全国道德模范提名奖"获得者戴清、严明友，"全国最美退役军人"王敏，抗美援朝战地摄影师张崇岫等重大典型进行突出宣传，《人民日报》《解放军报》整版报道安徽抗美援朝老兵、战地摄影师张崇岫事迹，产生良好社会效应，引领带动社会各界关注国防军队、关心军人军属、关爱退役军人。

围绕思想引领持续宣传。准确把握时机，全方位、多角度宣传退役军人工作，唱响主旋律、弘扬正能量，进一步引导社会舆论、凝聚各方力量。以部"老兵永远跟党走"为载体，构建形成线上线下立体宣传态势，扎实开展"老兵永远跟党走"主题宣传活动，全省近30万名退役军人直接参与系列活动。组织"老兵宣讲"实践活动，邀请"七一勋章"获得者、李大钊之孙、退役军人李宏塔，"八一勋章"获得者、"兵王"王忠心等典型先进人物"进机关、访功臣、颂党恩"，持续讲好党的故事、革命故事、英烈故事，形成了强大思想引导力、精神凝聚力、工作推动力。2022年策划的"战疫，安徽退役军人冲锋在前"主题宣传，有力引导了全省1.8万支退役军人突击队、11.4万名退役军人投身"战疫"一线。

不断提升宣传思想引领力
新闻传播影响力　正面舆论引导力

文／石敏　高宇

内蒙古始终坚持以习近平新时代中国特色社会主义思想为指导，深入学习贯彻习近平总书记关于退役军人工作重要论述和党的二十大精神，锚定"让军人成为全社会尊崇的职业、让退役军人成为全社会尊重的人"的目标，坚持自信自强、守正创新，不断提升宣传思想引领力、新闻传播影响力、正面舆论引导力，持续讲好退役军人故事，凝聚思想共识、汇聚发展合力，全区宣传思想工作取得显著成效，连续5年被退役军人事务部表彰为宣传工作"先进单位"。

坚持党管宣传，牢牢把握正确的政治方向。退役军人宣传工作是党的宣传工作的组成部分，也是退役军人工作的重要方面。内蒙古退役军人事务部门注重加强党对宣传思想工作的领导，把宣传思想文化工作放在突出位置、摆上重要日程，主要领导亲自抓，带头把方向、抓导向、管阵地、强队伍，定期研究全系统宣传思想和意识形态工作，先后就加强和规范退役军人宣传工作制定了《自治区退役军人事务厅新闻发布办法》《自治区退役军人事务厅信息发布审核细则》《关于加强向中央主要媒体供稿工作的通知》《自治区党委退役军人事务工作领导小组办公室秘书处、自治区退役军人事务厅办公室信息办理工作暂行办法》等一系列制度规定，每年制定宣传工作计划，做到任务明确、重点突出、主题鲜明，为推进全区退役军人宣传思想文化工作提供强有力保障。

建强用好阵地，夯实宣传思想的工作基础。 牢牢坚持党管宣传、党管意识形态、党管媒体，从建厅之初开始，第一时间搭建了内蒙古自治区退役军人事务厅门户网站、微信公众号。五年来，着眼退役军人工作实际和退役军人多样化需求，不断进行改版升级，提升活跃度和吸引力，官网现开设"新闻动态、政务公开、互动交流、政策解读"等23个栏目，浏览量达353万人次；微信公众号关注人数为3.6万人，阅读量累计278万人次；2021年创办《内蒙古退役军人》刊物，积极宣传各地工作成效，先后开办以数字呈现工作做法的"数说说数"、以就业创业促进年、优待政策落实年等为重点的"专项工作"和"高质量发展调研行"等主题栏目，杂志创办以来，累计赠阅发行10期26万余册。把《中国退役军人》杂志作为教育引导广大退役军人感党恩、听党话、跟党走的重要载体。加强基础设施建设，开展政治文化环境建设专项整治，6379个基层服务中心（站）全部实现规范达标。投入50余万元建成本级室外退役军人法治长廊和室内普法宣传阵地。大力宣传推广"北疆老兵"和"尊崇"APP和"军人退役一件事一次办"服务，进一步提升知晓度和使用率，切实做到让数据多跑路、退役军人少跑腿。

加强舆论引导，筑牢"两个维护"的思想基础。 2023年6月，习近平总书记到内蒙古考察时指出，铸牢中华民族共同体意识是新时代党的民族工作的主线，也是民族地区各项工作的主线，我们认真贯彻落实习近平总书记指示精神，把铸牢中华民族共同体意识纳入思想政治教育、先进典型评选、纪念设施建设、展馆展陈评审等工作，做到有形有感有效。坚持不懈用习近平新时代中国特色社会主义思想凝心铸魂，在全区60多万退役军人中深入开展学习贯彻习近平新时代中国特色社会主义思想主题教育和"感党恩、听党话、跟党走"群众教育实践活动，扎实开展最美系列评选宣传活动，举办全国老兵宣讲团主题巡回宣讲报告会，挖掘编撰自治区烈士英名录，拍摄30部英烈事迹短视频，举办全区英烈讲解员大赛，弘扬英烈精神、传承红色基因。

充分发挥新闻发布宣传阐释党和政府决策部署，采取图片、视频等形式，立体化、全方位地解读政策，引导社会预期、凝聚社会共识；积极参加"行风热线""八五"普法等热点节目，厅领导、业务处负责同志莅临内蒙古广播电视台演播厅接受访谈，用群众语言解读退役军人法规政策，架好与退役军人的"连心桥"，着力夯实退役军人坚定拥护"两个确立"、坚决做到"两个维护"的思想根基。

强化自身建设，守牢意识形态的前沿阵地。牢牢掌握意识形态工作的领导权、管理权、话语权，建立覆盖自治区、盟市、旗县（区）三级宣传联络员队伍，组织专题培训，邀请资深记者、业务骨干辅导授课，进一步提升宣传工作能力水平。

2024年4月26日，"戎归北疆、职引未来"2024年内蒙古自治区退役军人暨高校毕业生退役士兵专场招聘会在内蒙古电子信息职业技术学院正式启幕。图为主持人线上直播带岗。

壮大主流舆论，营造尊重尊崇的浓厚氛围。深入学习贯彻习近平总书记关于做好党的新闻舆论工作重要论述，把统一思想、凝聚力量作为宣传思想文化工作的中心环节，持续弘扬主旋律、传播正能量。与退役军人事务部宣传中心联合策划开展"跟着厅（局）长去调研""高质量发展调研行"专题采访报道，权威发布部门信息，及时回应退役军人关切，牢牢守好退役军人宣传工作话语权。与中央广播电视台、新华社、人民日报等中央媒体建立联络渠道，与央广网签订合作协议，围绕重要节点、重点工作、重大活动策划推出了800余篇高质量作品。其中，CCTV7报道的《马背上的守护》《林海守护者》和央广网、人民日报头版刊发的《八千里边防线 官兵喝上甘甜饮用水》《内蒙古多措并举推进退役军人就业创业工作》《九十七岁抗美援朝老兵如愿交上"特殊党费"》等信息，向全社会传递了党中央和习近平总书记对广大退役军人的关心关爱，取得良好反响。深化拓展与内蒙古日报、广播电视台等省级媒体合作，特别在退役军人就业创业工作中，评选发布"退役军人创业带动就业光荣榜""退役军人就业合作企业光荣榜"。采取前期预热、线上线下直播带岗等形式，大力宣传报道全区退役军人招聘会和展交会等活动，吸引超千万人次线上观看直播，厅抖音、快手直播带岗账号集聚了大量人气流量，打响了内蒙古"军创优品"特色品牌。

内蒙古退役军人事务部门将继续按照媒体管理政治站位高、工作重点实、职责定位准、纪律规矩严的要求，深入学习借鉴，抓好贯彻落实，挖掘推广经验做法和典型事迹，大力营造全社会理解支持退役军人工作的良好氛围。

构建"大宣传"格局　唱响时代主旋律

文／赵雷

辽宁是驻军大省、兵员大省，也是退役军人大省，肩负着维护国家"五大安全"的政治使命，现有退役军人160余万人，平均每100人中就有4名退役军人。做好新时代退役军人宣传工作，意义深远、责任重大、使命光荣。组建以来，辽宁省退役军人事务厅深入学习贯彻落实习近平总书记关于宣传思想工作的重要思想，凝心聚力全面加强退役军人宣传工作，大力营造尊重退役军人、尊崇军人职业的浓厚氛围，积极为辽宁退役军人工作高质量发展赋能添彩，连续5年荣获全国系统宣传工作先进单位。

一、提高站位、夯实基础，有效搭建退役军人宣传工作的"四梁八柱"

退役军人宣传工作是退役军人工作的重要组成部分，在贯彻落实党中央决策部署、凝聚各方力量等方面发挥着重要作用。辽宁省退役军人事务厅紧紧围绕中心大局，精心组织筹划，统筹推进落实，有效搭建退役军人宣传工作的"四梁八柱"。一是抓统筹，加强领导聚合力。厅党组高站位重视宣传工作，多次召开专题会议进行部署，将宣传工作纳入辽宁全面振兴新突破三年行动退役军人工作实施方案，融入退役军人工作全过程各方面，明确任务目标、细化责任分工，统筹研究、一体推进。厅主要领导带头研究谋划、多方协调凝聚合力，引领带动全省退役军人宣传工作争先进位。厅主要领导撰写的《立足"六个必须坚持"实现高质量发展》《辽宁退役军人建功"第二战场"》等10余篇署名文章被部、省主流媒体刊载。二是促规范，建章立制添活力。出台《辽宁省退役军人事务系统宣传工作办法》等系列文件，明确工作方向，强化督促指导，省、市、县三级联动，实行"分级审核、先审后发"原则，全方位、多角度展现全省退役军人宣传工作，推动实现制度化、体系化。规范门户网站、官方微信公众号等政务新媒体管理维护，加强新闻宣传和舆情引导管控。与新华社、人民日报、光明日报等中央驻辽新闻机构以及辽宁电视台、辽宁日报等省级媒体对口建立常态化沟通机制，定期召开媒体吹风会、收集新闻线索、发表重要新闻稿件，确保宣传工作权威性、时效性。三是育新人，优化队伍强主力。目前，省、市、县三级已建立起一支强大的宣传队伍。辽宁省退役军人事务厅成立由厅主要领导同志任组长的信息和新闻宣传工作领导小组，下设"宣传办"，定期组织全省系统业务培训、召开信息和宣传工作座谈会，有效发挥协同联动作用，着力提升整体能力水平。省厅各处室和各市局分别指定一名政治素质高、业务能力强、文字功底硬的宣传联络员，有效发挥正向宣传对舆论的引导作用，传递正能量、弘扬主旋律。

二、守正创新、丰富载体，切实增强退役军人新闻宣传工作的实际成效

进一步加大宣传力度、丰富宣传载体、凝聚宣传合力，打造更高水准宣传矩阵，持续构建"大宣传"工作格局，推动退役军人新闻宣传工作取得新成效。一是主动加强宣传策划。增强主动宣传、自觉宣传、全程宣传的意识，积极主动加强新闻宣传策划，努力当

好退役军人工作的主角主唱。2020年，联合新华社辽宁分社和参考消息报社推出"致敬最可爱的人——纪念抗美援朝70周年·老兵访谈录"大型融媒体报道。采访组分赴全省14个市，先后采访了70位抗美援朝老战士和烈士亲属。《参考消息》以系列形式整版推出，参考消息网站、客户端、微信公众号、微博以及新华社客户端等新媒体矩阵同步以专栏形式推出，10万+稿件30多篇，读者留言数万条，"致敬英雄""泪目"等成为高频词汇。多篇报道在新华社客户端短时间浏览量超过100万，新媒体矩阵总浏览量达2亿。二是着力拓展平台阵地。建立全面系统、立体多元的宣传矩阵，整合多方力量，加强内容策划，运用融媒手段，及时跟进解读退役军人工作相关政策法规，结合地域特色加强拥军优抚、就业创业、帮扶救助等个性化宣传，不断增强宣传工作的覆盖面、感染力。2021年8月底，邀请中国退役军人"荣光之路"融媒体报道组对辽宁省进行了"退役军人工作的辽宁实践"专访，厅党组书记及党组成员从不同角度介绍了辽宁省退役军人工作先进经验。《辽宁省沈阳市150名退役士兵走上事业单位管理岗位》等5个工作创新案例，被退役军人事务部主编、人民日报社出版的《退役军人工作创新发展100例》一书汇编收录。2023年，辽宁省退役军人事务厅以促进社会力量参与退役军人服务保障工作为重要课题，从宣传内容、宣传手段、宣传力量三个"小切口"上做"大文章"，发放调查问卷1.3万余份，召开座谈会20场，整合政府部门、企事业单位、社会组织等资源力量，凝聚价值共识，激励引导社会力量积极参与、共同做好退役军人工作。三是广泛开展典型宣传。有计划、有重点地推出退役军人中的先进典型。持续学习宣传"七一勋章"获得者孙景坤、辽宁"时代楷模"张贵斌等老英雄的先进事迹，引领广大退役军人坚定不移听党话、跟党走。通过广播电视、报刊等主流媒体、新媒体、融媒体大力宣传全国最美退役军人、全省模范退役军人、模范工作单位及模范个人先进事迹。以辽宁"最美退役军人""最美拥军人物""最美军嫂""最美兵妈妈"先进典型选树宣传活动为重要抓手，通过在《辽宁日报》重要版面开辟专栏、专题报道、影视作品和短视频展播等形式，广泛宣传报道他们的先进事迹，引领带动社会各界关注国防、关心军队、关爱军人家庭。组织力量对"10年带出两个先进村"的"兵支书"李炳旭进行专访，《解放军报》版面头条和《中国退役军人》杂志分别刊发《让"泥饭碗"变成"金饭碗"》，产生良好社会效应。省退役军人事务厅组织拍摄以"老兵志愿服务"为题材的短视频作品《追光》，分别获得省精神文明办组织的"凡人善举我来拍"短视频征集展播活动一等奖、辽宁省首届"爱我国防"微电影和短视频大赛一等奖。

三、聚焦重点、强势推进，不断提升退役军人新闻宣传工作的影响力

辽宁红色底蕴深厚，是"抗日战争起始地""解放战争转折地""新中国国歌素材地""抗美援朝出征地""共和国工业奠基地""雷锋精神发祥地"，辽宁省退役军人事务系统深入挖掘"六地"精神的丰富内涵和时代价值，加大宣传力度，传承红色基因，赓续精神血脉。为退役军人工作高质量发展提供强大精神力量、营造良好舆论氛围。一是重大事件有热度。重大主题宣传活动，做到"事前有方案，事中有声势，事后有追踪，全程有复盘"，通过前期预热宣传、集中重点宣传、深度挖掘宣传等方式，提高重大活动宣传覆盖面和影响力。2014年至今，已迎回安葬10批938位在韩中国人民志

愿军烈士遗骸。特别是2023年11月下旬，在部办公厅和宣传中心的支持指导下，克服大雪等恶劣天气影响，高标准、零失误圆满完成第十批25位在韩中国人民志愿军烈士遗骸迎回安葬任务，央视全程直播，相关"报、网、台、微、端"各媒体宣传报道总量达到500余万篇（条）；全网阅读量突破100亿次，缅怀先烈、致敬英雄蔚然成风。《第十批在韩中国人民志愿军烈士遗骸回国》，入选中央广播电视总台2023年十大国内军事新闻。二是重点工作有亮度。紧密结合退役军人工作实际，找准切入点、把握着力点、紧扣结合点，有力有效推动宣传工作。2022年清明节，配合新华社辽宁分社在沈阳抗美援朝烈士陵园开展了"为英雄寻亲"大型人物报道，专访8名"寻亲"成功的烈士家属，形成了8篇系列报道，在《新华每日电讯》连续4天专版刊载。2023年，推动将纪念延安双拥运动80周年系统活动列入省委常委会工作要点，"纪念延安双拥运动80周年"系列活动和

辽宁省退役军人事务厅联合有关部门连续3年开展"抢建英雄谱"活动。图为老兵活动现场照片。

打出"组合拳"促进退役军人就业创业两个宣传报道选题，在新华网、人民日报以及光明日报客户端刊发。联合省广播电视台共同打造的电视访谈节目《书记话双拥》累计录制31期，在省、市20余家电视、网络等媒体播放，形成强大宣传声势，掀起双拥运动新高潮。三是思想引领有广度。全方位挖掘退役军人事务领域的典型经验和成功做法，多角度呈现退役军人工作的生动实践，进一步坚定工作信心、引导社会舆论、凝聚各方力量。抗疫期间，塔山阻击战老英雄张贵斌，攒下的多年生活费汇往抗疫一线；"全国模范退役军人"徐恩惠，为战疫车辆需要紧急救援一律免费，他们的先进事迹不仅在主流媒体宣传报道，还被退役军人事务部编著、党建读物出版社出版的《战"疫"有我 敢打必胜》一书收录。连续3年开展"抢建英雄谱"活动，编撰3部《致敬百位英雄》，对300位老英雄战斗故事进行全景扫描和文学呈现，成为辽宁弥足珍贵的红色火种和精神宝藏。扎实开展"老兵永远跟党走——老兵宣讲"实践活动，组建省、市、县三级"老兵宣讲团"70多个、宣讲团成员近500人，制作网络公开课、短视频等宣讲产品40余个，开展宣讲350余场、受众近7万人次，讲好党的故事、革命故事、英烈故事和退役军人故事，形成强大价值引导力、精神凝聚力、工作推动力。

守正创新　让退役军人故事
有情怀、有温度、有内涵

文／周通　汪璠

　　江西是一片充满了红色记忆的土地，"八一"军旗在这里升起，中国革命的星星之火在这里点燃，共和国从这里走来，这里传承着历久弥新的红色基因，饱含着对人民军队的天然感情，肩负着党和人民的殷切期待。5年来，江西省退役军人事务系统坚持以习近平新时代中国特色社会主义思想为指导，深入贯彻落实习近平总书记关于退役军人工作重要论述，始终坚持围绕服务党和退役军人工作大局、服务退役军人等中心工作，重点突出宣传江西退役军人事务系统为广大退役军人和优抚对象办实事、解难题，全面落实退役军人政策法规，打造退役军人工作的特色亮点，在全社会营造"尊崇军人职业、尊重退役军人"的良好氛围。

江西省第三届退役军人"永远跟党走 建功新时代"主题活动现场

"赶考路上的闪亮坐标"——江西英模人物事迹展

一、抓中心、谋大局，深刻把握新闻宣传工作着力点

一是坚定政治方向。厅党组定期召开新闻宣传和信息报送工作会议，明确新闻宣传工作要始终坚持以习近平新时代中国特色社会主义思想为指导，纳入年度工作一同研究部署、一同推动落实，明确任务目标、责任分工、具体措施，将新闻宣传工作责任向基层传导，真正将党管新闻宣传工作落在实处、干在具体，为全省退役军人新闻宣传工作把脉定向。

二是创新有力抓手。近年来，厅党组明确要求将新闻宣传工作成效列入每年度退役军人工作考核考评重点内容，省厅统一建立《江西省退役军人事务系统新闻宣传上稿台账》，每季度对全省11个设区市、厅机关各处室、厅属各单位的新闻宣传上稿情况进行汇总、核查、统计、通报，并在年初一并部署、年中一并检查、年底一并通报。同时，总结梳理工作经验做法，重点推介、以点带面、推动整体。

三是持续有力推进。厅党组高度重视退役军人新闻宣传工作，厅领导参与江西广播电视台《政策面对面》《党风政风热线》栏目，积极宣传退役军人政策和相关工作。

二、抓创新、育载体，积极打造新闻宣传工作主阵地

一是健全宣传工作机制。自上而下构建审核把关，实行"分级审核、先审后发"原则，严密落实信息发布保密审查规定，认真履行保密审查程序。严把政治关、业务关，规范完善中共江西省委退役军人事务工作领导小组简报、《尊崇·江西退役军人》杂志、厅门户网站以及政务新媒体账号管理维护，落实"三审三校"工作制度，规范开展退役军人工作新闻宣传活动。

二是建立宣传工作队伍。目前，省、市、县三级已经建立一支200余名退役军人事务部门工作人员为主体的宣传工作队伍，并同步建立全省退役军人通讯员工作群，分批次组织各类新闻宣传工作业务培训，激发全省退役军人事务系统新闻宣传工作活力，将新闻宣传工作贯穿到退役军人工作各方面全过程，深化宣传积极推进退役军人工作的长效机制。

三是构建新闻发布团队。明确本单位新闻发言人，对外公开本系统新闻发言人名单及新闻发布机构联系方式，配备新闻宣传工作团队；通过召开新闻发布会、记者专访、集体采访等，做好退役军人工作新闻发布、媒体推广，注重正面引导，抢占舆论话语权；并同步开展年度新闻发布热点问题答问口径汇编，纳入新闻发布答问参考，做好新闻发布效果反响收集工作。

四是建好新闻宣传平台。开办了厅门户网站、政务新媒体账号，创办了工作简报、《尊崇·江西退役军人》杂志等。近年来，精心组

织策划，统筹推进落实，扎实做好江西退役军人"永远跟党走建功新时代"主题活动，进一步深化"替烈士看爹娘为烈属办实事"活动和"革命英烈后代关爱行动"、"满怀忠诚讲尊崇千行百业共拥军"活动，全面有序开展优待证申领制发、"赶考路上的闪亮坐标——江西英模人物事迹展"、"为立功受奖现役军人家庭送喜报"和"迎接退役军人返乡"活动，持续开展"最美退役军人""最美军嫂"学习宣传，推动退役军人典型宣传常态化以及全省各级"新长征"退役军人志愿服务队伍参与志愿服务活动等重点工作的新闻宣传，在厅门户网站、政务新媒体共发布信息万余条，阅读量100余万人次。

三、抓统筹、创特色，不断扩大新闻宣传工作渗透力

一是坚持守正创新，切实增强全省退役军人新闻宣传工作的实际成效。立足思路创新理念，提高政治站位，不断发掘退役军人"素材库"，讲好"有情怀、有温度、有内涵"的江西故事，以南昌市西湖区"邱娥国工作室"、赣州市"客家人调客家事"、新余市"老兵宣讲团"等一批富有江西特色的思想政治工作品牌，结合江西省丰富的爱国主义教育资源和红色纪念设施，以弘扬爱国主义精神和革命英雄主义精神为主题，宣讲英雄事迹，以传承红色基因、赓续红色血脉为新闻宣传基点，提升全社会对退役军人工作的知晓率、支持率、满意率，形成人人知晓、人人支持、人人满意的尊崇服务氛围。

二是建立协同关系，切实增强新闻宣传传播手段和话语方式。为适应新时代宣传工作，依托主流媒体、新兴网络传媒，搭建媒介宣传平台，突出"军"的内涵，彰显"红"的基因，通过拍摄专题片、制作政策解读微视频，举办各类展览，印发宣传手册，编撰退

役军人事务年鉴、退役军人先进典型事迹书籍等丰富多彩、形式多样的宣传方式，不断扩大宣传效应，抢占宣传工作阵地，提升退役军人新闻宣传工作的吸引力和接受度，多角度、全方位展现全省退役军人事务系统在开展移交安置、就业创业、拥军优抚、双拥共建、军休服务、褒扬纪念等工作成效。近年来，在人民日报、新华社、光明日报、中国日报、中新社、解放军报、央视网江西总站、中央广播电视总台江西站、江西日报、江西卫视等中央、省内主流媒体刊载新闻信息、视频、图片共3000余条。

推行"12345"宣传工作法
擦亮退役军人靓丽本色

文/杨爱东 包晓霁

一、工作举措

建强宣传平台。2019年1月9日，湖北省退役军人事务厅"一网两微"正式开通。2020年，湖北省退役军人事务厅被评为"全省政务公开工作优秀单位"，2022年被评为"政府网站与政务新媒体建设管理进步明显单位"，选送的政务公开工作案例被《国务院办公厅政府信息公开典型案例汇编》收录。2023年，在中央网信办主办的2022中国正能量网络精品征集展播活动中，湖北省退役军人事务厅作品《"暖遍全网"火场勇救一家三口的快递小哥 他不想当"网红"》入选"网络正能量文字"，湖北仅2件文字作品入选。被省政府办公厅评为"政务公开工作优秀单位"。

湖北省退役军人事务厅官方微信"湖北退役军人"2020、2021连续2年荣获"湖北十佳政务微信（省直）"，2022年被省委网信办评为走好网上群众路线"百佳新媒体账号"、荣获"湖北十佳政务微信原创先锐奖"，2023年荣获"湖北十佳政务新媒体传播先锋奖"。

湖北省退役军人事务厅官方微博自2020年起，连续4年在"湖北省直部门政务融合传播指数"总榜和多个分榜中均名列前五，2023年被湖北省委网信办评为走好网上群众路线"百佳新媒体账号"。

强化引领示范。湖北省退役军人事务部门组建以来，推出了

"共和国勋章"获得者、"全国模范退役军人"张富清，习近平总书记两次接见并作出向张富清同志学习的重要批示，在全国产生重大影响；推出了全国"最美退役军人"徐申权、邝远平、周功虎，"全国见义勇为模范""荆楚楷模·最美退役军人"尹文杰，"中国青年五四奖章"获得者、"荆楚楷模·最美退役军人"张裕等一大批退役军人先进典型人物，形成了退役军人先进典型不断涌现、示范带动作用更加彰显的生动局面，全社会"尊重退役军人，尊崇军人职业"良好氛围日益浓厚。湖北省退役军人事务厅于2022年初开启"军人退役一件事""一事联办"改革，以全省定标方式实现"军人退役一件事"实施推广。

宣传亮点纷呈。和各级媒体建立紧密合作机制，总结提炼运用"12345"宣传工作法，多措并举、多方联动宣传了"保护长江母亲

"保护长江母亲河　退役军人在行动"湖北省退役军人"长江卫士"志愿服务八市联动启动仪式

河 退役军人在行动"湖北省退役军人"长江卫士"志愿服务八市联动，2022年度"荆楚楷模·最美退役军人"颁授、湖北省第三届退役军人专场招聘会暨"荆楚老兵人才网"启动、全省退役军人和其他优抚对象优待项目签约等三项活动集中发布仪式，湖北医养康复中心开业，2023年促进退役军人就业创业"春风行动"专场招聘，"游荆楚、享尊崇、葆本色"2023退役军人"春游湖北"等重大活动，引起社会各界广泛好评和热烈反响。

3月1日，湖北医养康复中心开业。各级主流媒体刊发新闻报道100余篇，总阅读量超1400万人次，湖北日报、湖北广播电视台、楚天都市报极目新闻、荆楚网等4家媒体进行全程线上直播，观看总人数超70万人次，当日冲上抖音热榜第五名。

3月6日，2023年促进退役军人就业创业"春风行动"专场招聘活动在武汉启动。各级主流媒体刊发新闻报道50余篇，总阅读量超160万人次，湖北广播电视台、荆楚网、荆楚老兵人才网进行全程线上直播，观看总人数超30万人次，当日冲上"中国交通广播"湖北热榜第10名，厅官方微博话题#湖北"春风行动"专场招聘#阅读量超5.1万人次。

3月14日，"游荆楚、享尊崇、葆本色"2023退役军人"春游湖北"活动在武汉启动。各级主流媒体刊发新闻报道100余篇，总阅读量超1000万人次，中新网、荆楚网、楚天都市报（极目新闻）、长江日报大武汉客户端、腾讯·大楚网等进行全程线上直播，观看总人数超130万人次，"中国退役军人"和湖北省人民政府网、湖北发布、湖北新闻、湖北日报、荆楚网等和湖北省退役军人事务厅均以官方微信头条刊发《湖北向全国退役军人发出春游邀请！》，阅读量超达6万+，引起社会广泛关注和热烈反响。

二、"12345"宣传工作法

经过不断在探索中加强学习，湖北省退役军人事务厅宣传信息中心在实际工作中做到重大活动提前策划、力求精彩纷呈，特色亮点精准宣传、强化示范引领，日常工作统筹推进、务实开拓创新，总结提炼并一以贯之地实施"12345"宣传工作法，既克服了人少事多的难题，又确保了较好的宣传工作成效。

做好"一个方案"，即做好宣传工作方案是做好一切宣传工作的根本前提。无论是宣传年计划、月计划还是重大活动、特色工作都依托于宣传工作方案的执行到位。宣传信息中心始终在宣传工作方案上下功夫，充分考虑事前、事中、事后一体贯通、全方位报道，坚持做到方案思路清晰、内容翔实、目标明确，方案执行不打折扣、落实见效。

抓住"两个关键"，即抓住亮点是内生动力、声势是成效保证。只有找到亮点，媒体才有宣传点，宣传才有闪光点，只有在"大宣传"工作格局下发挥"宣传矩阵"效应，宣传才能有声势，宣传成效才有保证。宣传信息中心始终紧抓"两个关键"，想明白、理清楚、善统筹，在工作中常抓不懈。

落实"三项工作"，即单一出口对接、严把质量审稿、多种形式报道。单一出口对接是宣传口径统一、宣传媒体行动一致的前提保障，严把质量审稿是确保宣传出效果、报道能出彩的根本基础，多种形式报道是适应全媒体新时代、构建"大宣传"工作格局的重要途径。宣传信息中心始终落实专人单一出口对接各级媒体，避免多头对接导致的宣传无序；在提供新闻通稿的前提下，严把质量审核媒体拟发新闻稿件，做到不审核不发稿、报道无杂音；发挥好"报、台、网、微、端、屏"多种形式宣传平台作用,创新运用网络直播、在线互动、图文解读等方式,确保宣传报道出新出彩出成效。

深化"四驱联动",即服务主动、多方发动、协调联动、成效驱动。宣传信息中心始终树立主动服务意识,在宣传工作中对内做好处室(单位)、对外做好各级媒体的沟通对接服务,坚持开门搞宣传,既发挥好有固定合作机制的媒体和厅"一网两微"平台宣传作用,也热情欢迎关心支持全省退役军人事业发展的各方媒体开展宣传报道,主动服务把多方发动落到实处。在各级媒体特别是央媒、省媒之间做好协调联动工作,重大活动等一般提供长短不同、内容丰富度不同的2至3份新闻通稿,既让媒体能把准宣传基调,又让媒体有自我发挥空间,共同推动宣传报道出成效,实现宣传报道我厅与媒体、退役军人的"多赢",让反响热烈的宣传成效驱动各级媒体踊跃参加全省退役军人工作宣传报道。

实现"五个到位",即落实部署到位、媒体覆盖到位、宣传时效到位、锻炼磨合到位、总结提升到位。厅主要领导高度重视、关心支持宣传工作,多次作出指示批示。厅分管领导对宣传工作提出明确要求,进行具体工作部署。厅宣传信息中心提高政治站位,增强大局意识,撸起袖子加油干,把厅领导的指示批示和部署要求落实到位。在每次重大宣传主题中,都能做到央媒、省媒、厅"一网两微"等全覆盖并发挥好各自作用,始终深刻认识"时效性是新闻的生命",力求宣传时效到位。在工作中始终树立"刀要在石上磨、人要在事上练"的干事理念,和媒体合作坚持"以我为主、合作共赢"的工作思路,遇事不怕、事不避难、苦干实干,通过重大活动等宣传报道的锻炼磨合,和各级媒体达成了工作默契、实现了互帮互促。在每次重大活动等宣传报道实施后,都及时进行梳理、总结,清晰列出取得了哪些成效，还有哪些方面可以进一步改进，做到总结提升到位，确保宣传工作不断取得新成效，为全省退役军人工作高质量发展贡献力量。

三、下一步工作举措

（一）坚持整体性系统思维，全面落实"大宣传"格局总体要求。面对传播方式多元化、传播媒体多样化、舆论生态开放化的全媒体新时代，退役军人宣传工作一方面要坚持运用整体性系统思维，实现重点宣传内容推送、融媒体技术有效衔接，推进全媒体新闻传播手段与时俱进，把"大宣传"格局打造成一个内容丰富、手段多元、协调通畅的有机整体；另一方面要立足全媒体新时代，大力探索由宣传媒体简单"相加"到"大宣传"格局融合发展的新路径，坚持以正面宣传引导应对舆论生态开放化等带来的意识形态领域、信访工作领域的多重挑战，在宣传工作中摒弃单一思维、片面认知和碎片化方法，坚持将整体性思维贯穿退役军人宣传工作全过程。

（二）坚持结构性系统思维，持续优化提升全媒体"宣传矩阵"效应。面对传播方式多元化、传播媒体多样化、舆论生态开放化的全媒体新时代，退役军人宣传工作一方面要客观认识全媒体传播体系下的宣传内容建设、融媒体技术、全媒体传播平台等三个关键要素，坚持运用结构性系统思维，实现全媒体传播体系内关键要素的多维耦合与有序衔接，为实现全媒体"宣传矩阵"效应打下良好基础。另一方面要立足全媒体传播体系，必须协调好不同要素之间、不同媒体层次之间的关系，实现在互相促进下全媒体"宣传矩阵"的结构最优化和功能最大化，持续优化提升全媒体"宣传矩阵"效应。

（三）坚持功能性系统思维，有力提升全媒体传播体系的实际效能。面对传播方式多元化、传播媒体多样化、舆论生态开放化的全媒体新时代，退役军人宣传工作一方面要坚持运用功能性系统思维，在内容来源多样、话语表达丰富、宣传路径多元、舆论导向正确上下足功夫，紧扣工作重点、时事热点，推进分类宣传、精准宣传，将创新意识始终贯穿全媒体宣传的前、中、后全周期，发挥全媒体传播体系最大效能。另一方面要强化厅"一网两微"自主宣传平台建设，契合工作重点、时事热点，聚焦退役军人和其他优抚对象"急难愁盼"，用宣传报道"精准化"努力实现退役军人"想知道的"就是宣传报道"推送的"，不断提升自主宣传平台的传播力、引导力、影响力、公信力。

念好"四字诀" 抓好"大宣传"

文／熊隆东

四川是兵员大省、驻军大省、优抚安置大省和退役军人大省，目前有退役军人和其他优抚对象300多万。四川省退役军人事务系统组建以来，高度重视宣传思想工作，充分发挥其导向、导引、导调作用，在退役军人事务部宣传中心的关心指导下，念好专、精、协、新"四字诀"，在组织领导、机制建设、创新宣传、有机结合上绵绵用力，持之以恒夯基垒台，立柱架梁，积厚成势，构建"大宣传"格局，推动四川省退役军人工作高质量发展取得初步成效。

一、念好"专"字诀，在组织领导层面高位推动

一是专门强化组织领导和工作运行体系。成立了由厅党组书记、厅长任组长，厅分管领导任副组长，各处（室）、直属单位主要负责同志为成员的宣传思想工作领导小组，统揽全省退役军人事务系统宣传思想工作。四川省退役军人事务厅办公室、思政党建处、应急信访处、四川省退役军人数据管理中心协调合作，推进全系统宣传工作。市（州）退役军人事务局也明确了相应人员牵头负责宣传，确保了宣传思想工作始终有人管、有人抓。二是专门进行研究部署。厅领导同志高度重视，每年年初主持党组会议，审定厅《宣传工作要点》，部署举办新闻媒体座谈会，并作出一系列指示批示，在各类会议活动上也反复强调要做好宣传思想工作。经常性组织召开专题会议，研究有关重大宣传事项，审定每月宣传工作重点。三是专门

强调能力建设。大抓平台建设，强化门户网站、微信公众号等宣传载体功能，提升宣传平台层次水平，打造了一批"兵支书和他们的乡村振兴""历史不会忘记""老兵与国防"等专题专栏。充分利用抖音、快手、微博等新媒体平台向大众较好地展示了四川优秀退役军人的良好精神风貌和退役军人工作者"为奉献者奉献"的集体风采。其中，四川发布APP关于"四川英烈网"上线的视频宣传浏览量超1000万人次、快手号"在看"人数突破438.8万、抖音同城榜跻身前14位。大抓手段建设，依托媒体资源，创新数据新闻、短视频、H5等宣传形式，增强宣传吸引力，与绵阳市共同打造献礼"八一"原创MV《逆行》，受到广泛关注。大抓队伍建设，全省系统组建了220余人的新闻宣传联络员队伍，通过举办新闻宣传培训班，增强通讯员队伍脚力、眼力、脑力、笔力。自上而下坚强有力的组织领导，

献礼"八一"原创MV《逆行》

为四川省做好退役军人事务系统宣传工作提供了强大的组织保障和思想基础。

二、念好"精"字诀，在机制建设层面加压驱动

一是总体思路精益求精。先后出台加强全省退役军人事务系统宣传思想工作的"20条意见"、《四川省退役军人事务厅新闻宣传管理办法》、《四川省退役军人事务厅政务微信管理办法》、《政务微信公众号改版升级方案》等一系列指导性文件，夯实了制度基础、理论基础和实践基础，确保了宣传思想工作始终坚持正确政治方向、正确价值取向和正确舆论导向。近年来，未发生因正面宣传引发的负面舆情。二是审核把关精益求精。突出精细化管理，严格宣传内容审核把关。在2023年成都大运会前夕，以厅办公室名义向各市（州）退役军人事务局主要负责人发出《政务微信公众号宣传工作提示函》，要求强化政务微信公众号平台管理，尤其要把好信息发布的政治关、政策关、保密关、文字关，严防各类"低级红""高级黑"，适时对发布内容进行"回头看"，确保表述规范、内容准确。大运会期间，专班人员对厅直属单位和各市（州）退役军人事务局政务微信公众号发布信息进行提级审核，共计审核794篇，实现了全省退役军人事务系统正面宣传安全高效。三是常态长效精益求精。通过积极争取，负责外宣工作的处（室）负责人可常态化列席厅内重要会议、重大活动，便于掌握情况，加强宣传。此外，还建立了新闻宣传工作每月排名、季度通报、年底展评机制，及时总结不足、交流经验，激励担当作为。2023年上半年，四川省退役军人事务厅政务微信公众号刊发文章371篇，总阅读量3000余万人次，总点赞量9700余人次，粉丝量净增3.1万人。

三、念好"协"字诀，在创新宣传层面统筹联动

一是上下协调统一调度。与部宣传中心联动，配合完成"厅（局）长会面对面"系列采访，面向全国宣传了四川工作。做好《中国退役军人》杂志学用工作，2023年订阅杂志1.7万份。建立完善"新闻宣传征稿群""厅政务微信公众号联络员群"管理机制，适时发布征稿通知，新闻宣传整体性、实效性不断增强。常态化开展省市两级退役军人事务部门和厅直属单位微信公众号统一调度，统一下达发布指令，组织集中宣传报道，相关文稿总阅读量直线上涨。二是军地协同相得益彰。邀请西部战区、四川省军区、武警四川省总队积极参与军地互动新闻宣传报道，"天府长城""西部战区""四川武警"等部队政务微信公众号发布四川省退役军人事务厅主要新闻稿件10余篇，浏览量达1万余人次。其中，"天府长城"转发四川省退役军人事务厅新闻稿件，阅读量超过1550人次；四川省退役军人事务厅微信公众号转发省军区集训班开班新闻稿件，阅读量超过2900人次。三是媒体协作高效顺畅。主动加强与主流媒体沟通协调，针对重要会议活动，通过提前发出宣传报道邀请或事后发布新闻通稿等形式，提高联动报道实效。人民日报（人民网）、新华社、中央电视台国防军事频道、央广军事、中国网等央级媒体持续关注四川退役军人工作，2023年上半年发布新闻稿件共计56篇。四川广播电视台、四川日报、四川新闻网、四川发布、人力资源报等省内主流媒体上半年共计发布我厅相关新闻稿件155篇。

四、念好"新"字诀，在有机结合层面良性互动

一是结合重大会议活动创新开展专题宣传。聚焦深入学习宣

传贯彻党的二十大精神，策划学习贯彻党的二十大精神"4周年巡礼——建功新时代 奋进新征程"专题宣传，在《人力资源报》用24个版面特刊展示全省面上和21个市（州）学习宣传贯彻落实党的二十大精神情况。聚焦"戎耀归蜀"2023年四川退役军人及军属招聘周活动、促进退役大学生士兵"淬炼成钢"座谈会等，采取发布新闻通稿、撰写会议活动侧记、采访先进人物、宣传典型事迹等形式进行深度专题报道。人民日报、新华社连续发布"《戎耀归蜀》2023年四川退役军人及军属招聘周活动相关新闻4篇，浏览量突破50万次；中央级、省级主流媒体以整版、头版头条、版面头条的形式，专题报道促进退役大学生士兵"淬炼成钢"座谈会，发布相关新闻稿件50余篇。联合四川广播电视台拍摄制作十集"致敬最可爱的人"专题片，宣传中国人民志愿军英雄事迹和革命精神。二是结合重要时间节点创新开展主题宣传。聚焦"清明节"、全民国家安全教育日、"六一国际儿童节"等，积极开展"2023·崇尚·清明祭英烈"主题活动暨四川英烈网上线仪式、"全民国家安全教育日|全省退役军人事务系统组织开展宣传教育活动"、"童'画'我心中的英雄|国防教育主题活动"、"红色'六一'，筑梦国防|全省退役军人事务系统多形式开展红色教育主题活动"等主题宣传。其中，"童'画'我心中的英雄|国防教育主题宣传"关注量达2950万余人次。三是结合热点焦点事件创新开展话题宣传。聚焦"全民国防教育"，开设"老兵与国防"专栏，推出系列文章。聚焦学习贯彻习近平新时代中国特色社会主义思想主题教育，开设"主题教育"专栏，进行动态报道。聚焦"抗美援朝战争胜利70周年"，积极向中央电视台国防军事频道（"老兵你好"栏目）、新华社（"历史不会忘记"栏目）推荐四川省抗美援朝老兵先进事迹，并配合完成相关采访、拍摄工作。涂伯毅、周全弟、邓彰德、

金荣祥等一大批四川抗美援朝老战士的精彩讲述通过图文、短视频、专题片等多种形式见诸报端、见诸网络，中央级主流媒体推出17篇相关报道，"决定战争胜负的并不是一两样新式武器，而是人""没能和战友一起冲向敌人成了我一生的遗憾"震撼和感动了无数网友。

打造"戎耀申城"退役军人精神家园

文／张懿　陈珺

五年来，上海市退役军人事务局始终把"让退役军人成为全社会尊重的人，让军人成为全社会尊崇的职业"作为宣传工作目标，把"坚持正确政治方向、坚持彰显军地特色、坚持开门办好宣传、坚持创新方法手段"作为宣传工作原则，着力健全宣传平台、丰富宣传内容、拓展宣传渠道、完善宣传机制，温情融入战友生活，倾情记录"戎耀"时刻，深情讲述战友故事，真情架起暖心桥梁，全力打造"戎耀申城"退役军人精神家园。

一、建强宣传阵地，营造浓厚氛围

聚力"一网多媒"。持续运维好"上海市退役军人事务局"官方网站、政务微信、第三方平台等新媒体平台；开通"戎耀申城"抖音号，依托局视频号开展退役军人招聘等网络直播宣传。全方位、多维度宣传退役军人领域政策法规，展示全市退役军人事务系统推进各项业务工作新经验、新成果、新风貌，回应退役军人和其他优抚对象关切。截至目前，网站共发布图文近2.4万条；微信共发布图文6000余条，阅读量近640万人次，微信粉丝总数超13万人。今日头条发布信息1000余条，阅读量近100万人次；澎湃新闻发布信息1500条，阅读量近4000万人次。上海市退役军人事务局、上海市退役军人服务中心以及各区退役军人事务局多次被评为《中国退役军人》宣传工作先进单位，多名工作人员被评为先进个人、优秀组织者，多篇优秀作品、好作品获选。"上海市退役军人事务局"网站多次被评为年度上海市政府网站测评优秀网站、上海市政务公开考核评估结果优秀。

合力宣传矩阵。联动各区退役军人事务局、市退役军人事务局局属事业单位等现有微信矩阵成员,推动重大宣传集中发声,形成互通互联的协同效应。建立健全"上海市退役军人事务局"微信公众号"军人退役一件事"、教育培训、就业创业、视频专题等功能页面,为服务对象和退役军人工作者提供一站式、集约化服务。设计推出"沪小兵""萌小军"新媒体平台人格化形象,设计制作微信表情包和宣传产品,融入短视频、海报、H5,拉近与读者的距离。市、区退役军人事务部门出台政策文件时,主办处(科)室同步研究制定政策解读方案,并及时在网站、微信等平台和媒体宣传发布。文件出台后,通过图解、视频等多种形式开展网上政策解读。

"沪小兵""萌小军"形象

二、深化内容策划,提升示范效应

加强主题策划。坚持党的领导,以学习宣传贯彻党的二十大精神为契机,在市退役军人事务局党组正确领导下,在"上海市退役军人事务局"微信公众号开设"跟着总书记学习二十大报告"宣传专栏,强化"三个务必""五个必由之路"等系列的政治理论学习。围绕清明节、八一建军节、烈士纪念日等重要时间节点以及退役军人领域重点工作、重大活动,持续加强"戎归申城'职'为你来""戎耀申城·创享未来""军转之声""兵支书·新战场""百年英烈"等栏目宣传策划。清明节期间在网站推出"清明祭英烈"活动专栏，八一建军节期间推出"最美退役军人"学习宣传活动专栏，疫情防控期间推出"退役军人在行动"专栏，优待证申领发放期间推出"退役军人、其他优抚对象优待证专栏"。在"上海市退役军人事务局"微信公众号推出中秋、国庆主题海报、H5，传递有温度、有活力、有价值的信息，营造拥军崇军的浓厚社会氛围。加大四级退役军人服务中心（站）联合宣传策划力度，发掘退役军人和退役军人工作者中能演、能拍、能策划的达人，打造短视频团队，通过访站点、挖线索、写剧本，自编自导自演拍摄《我的站点我的家》系列短视频，让服务对象身临其境感受站点特色服务项目和感人故事，取得良好社会反响。2023年5月29日至今，共推出26期短视频，覆盖16个区退役军人服务中心（站），在线累计观看人数超过21万人，点赞数近4000人次，并在线下各区退役军人服务大厅屏幕上滚动播放。策划制作"站长说"系列视频，展现百名优秀站长及红色站点风采。

注重典型引领。以"最美退役军人"学习宣传为抓手，坚持典型引领，引导退役军人见贤思齐。举办上海"最美退役军人"发布仪式，东方卫视全程播出发布仪式，在《解放日报》《文汇报》专版刊登上海"最美退役军人"事迹。连续多年组织"最美退役军人"学习宣传进企业、进校园、进机关、进军营、进社区、进地铁活动。持续开展上海退役大学生士兵主题宣讲活动，邀请宣讲团成员和相关单位负责同志走进直播间，举行线上宣讲活动和政策宣传。遴选组建集策划、撰稿、宣讲等于一体的"戎耀申城"老兵宣讲团，宣传"最美退役军人"等优秀退役军人先进典型，宣讲广大退役军人

"戎耀申城"老兵宣讲团成立仪式

在应急应战、疫情防控、抢险救灾行动中冲锋在前的感人事迹。依托东方网等网络媒体，持续推出"老兵永远跟党走"戎耀申城·最美退役军人专题访谈直播，打造沪上退役军人宣传品牌。建立各类先进典型资源库，并创新先进典型宣传形式，积极树立退役军人良好形象，在全社会激发正能量。

三、加强协同联动，扩大社会影响

健全上下贯通的宣传协同体系。加强与退役军人事务部宣传中心沟通交流，积极报送新媒体平台信息，增进联动协同，扩大宣传覆盖面和影响力，为退役军人事务部领导和各省（市）退役军人事务厅（局）及时了解掌握上海退役军人工作提供参考。健全市、区、街镇、居村四级退役军人领域宣传联动机制，积极引导各区退役军人事务局建立健全区级融媒体中心退役军人条线记者和街镇退役军人服务站工作人员宣传信息报送群，充分发挥通讯员和信息员作用，共享线索、协同组稿、合力宣传，全力构建横向到边、纵向到底的退役军人宣传格局。以庆祝中国共产党成立100周年为契机，以荣获全国退役军人服务中心（站）"百名优秀主任（站长）"的老兵站长以及守护边疆的现役军人为原型，自编自导创作推出《不忘初心》《兵心不改仍少年》《边疆是故乡》原创歌曲MV，邀请退役军人倾情演唱，基层退役军人服务中心（站）、驻沪部队参与拍摄，成片被退役军人事务部宣传中心、中央及本市主流媒体同步转发，取得良好社会反响。

完善左右联动的媒体合作模式。市、区退役军人事务部门加强与新闻宣传、互联网信息主管部门沟通联系，争取对重大信息网上发布和网络舆论引导工作的支持；加强与各级主流媒体、新媒体联络，努力构造宣传工作新格局。疫情期间，积极主动提供战疫宣传线索与素材，组织退役军人条线记者采访，央视、人民日报、新华网、解放日报、文汇报、新民晚报等媒体相继推出"哭书记""奶粉侠""范妈妈""姜雷锋"等耳熟能详的上海退役军人战疫报道近200篇，产生良好社会反响。与上海教育电视台合作策划专题栏目《戎耀申城》（7月首播，每月播出一集，每集20分钟，每月第一周的周六首播，周日重播），已播出"老兵永远跟党走"主题宣讲节目2期和"谢谢你，我的战友"系列故事专题片5期。与新闻晨报合作策划退役军人媒体宣传工作，做好重大选题合作报道工作，已在"周到上海"APP发布少年读志愿军家书系列视频8个。

四、健全保障措施，激发工作动力

健全新闻发布会机制。市、区退役军人事务部门建立健全新闻发布会制度，设立新闻发言人，实行新闻统一发布。适时召开宣传咨询与新闻通气会。每月统一部署当月新闻主题。凡出台退役军人领域重要政策文件、开展重点工作、实施重大行动、取得重要成果、处置突发事件等，及时进行宣传发布，并根据工作需要适时召开新闻发布会。

加强队伍建设。建立"新媒体信息报送群"，上海市退役军人事务局机关各处室、局属事业单位和各区退役军人事务部门至少确定1名通讯员兼信息员。市、区退役军人事务部门每年至少举办一期通讯员和信息员培训班，邀请新闻媒体和党委、政府信息部门专家授课。每年举办全市退役军人事务系统读者、记者、信息员见面会，组织宣传经验交流、实地采访和集中组稿，着力提高受训人员政治素质和业务能力，为通讯员和信息员发展提供良好环境。

加强规范考核。加大宣传工作在年度目标考核中的权重。制定新媒体平台信息工作管理办法，明确组织与领导，信息类型、内容及原则，信息报送流程及信息工作机制。严格执行宣传纪律，落实"主管主办"和"属地管理"原则，从讲政治的高度加强宣传管理，做到宣传内容真实、文字规范、数据准确，严守保密制度。加强本级网站、微信等账号管理，严格把好内容关。

聚力"三力"建设
激发退役军人工作澎湃动力

文／贾承林　谌宇

近年来，湖南深入学习贯彻习近平总书记关于退役军人工作重要论述，围绕中心、守正创新，着力增强宣传凝聚力、影响力、驱动力，营造浓厚尊崇氛围，助推全省退役军人工作高质量发展。2019年以来，省级以上主要媒体刊发退役军人工作稿件近9000篇，在退役军人事务部官网官微、《中国退役军人》杂志及微信公众号上稿813篇。

一、同频共振增强宣传凝聚力

坚持把宣传工作与退役军人工作整体谋划、同步推进。唱响主旋律。始终把学习宣传贯彻习近平新时代中国特色社会主义思想作为宣传工作重中之重，发挥厅官网官微宣传主阵地作用，通过专题专栏、权威访谈、专家解读、评论言论等形式，深入阐释习近平新时代中国特色社会主义思想的精髓要义、丰富内涵、理论渊源、实践要求。突出宣传习近平总书记关于退役军人工作重要论述，大力宣传党委政府对退役军人的重视关怀，引导退役军人永远听党话跟党走。把握主基调。围绕"让军人成为全社会尊崇的职业、让退役军人成为全社会尊重的人"，结合思想政治引领、安置就业、优待抚恤、褒扬纪念等年度重点工作，谋划宣传工作任务，确定年度宣传工作要点。2021年以来，以"十个100""老兵喜迎二十大 不忘初心跟党走""奋进新征程 老兵永向党"等为主题，对年度宣传工作具体任务、工作指标进行实化细化。2022年首次召开新闻发布会，集中展示退役军人工作高质量发展成效。围绕退役军人关心的热点话题，开展主题宣传80多次，引发退役军人共鸣，形成传播效应。2023年"八一"期间，新湖南专访厅党组书记、厅长谢春《让拥军"朋友圈"越来越大 使优待"含金量"越来越高》点击量超167万人次，发布的《湖南省第一批文旅优待目录清单发布》点击量超140万人次。做大主流量。重点围绕退役军人典型宣传，深挖退役军人生动事迹，在湖南日报、新湖南开设退役军人"每周一星"专栏，在红网退役军人频道及厅官网官微开设退役军人"每日一星"专栏，报道365名退役军人典型事迹，网络总点击量超1.5亿人次。其中，五级残疾军人危李不等不靠、自强不息，在创办的企业累计安置残疾人就业480多人次的感人故事被《人民日报》报道。开办乡村音乐课堂免费教孩子们学民乐的李舒尤、在高望界国家级自然保护区扎根26年护林的万木峰被新华网全媒体报道，进一步扩大了退役军人"每日一星"系列报道影响力。

二、内外联动增强宣传影响力

在充分发挥"一贯到底"系统优势的同时，善于借势借力，切实扩大宣传传播力、影响力。巧借势"登高"。发挥党委退役军人事务工作领导小组机制作用，建立健全部门联合的宣传引导工作机制，多出有高度、有深度、有厚度的宣传作品。连年联合省委宣传部出台宣传引导方案，在重要节点由省委宣传部下发宣传报道清单，统一安排省直主要媒体、协调中央驻湘媒体做好退役军人工作宣传。2021年，围绕华北军区烈士陵园湘籍烈士寻亲祭扫活动，联合省委

湖南退役军人"每日一星"系列宣传报道典型

宣传部成立工作专班，开展为期一个月的专题宣传，采取中央驻湘和省直主要媒体赴河北、山西等地及省内相关市州集中寻访革命遗址、采访烈士亲友、查询历史档案等方式，深入挖掘出了一批鲜为人知的湘籍革命英烈故事，刊发稿件100多篇，系列报道被400多家媒体、网站、客户端、微信公众号转发，登上热搜榜，在网络持续刷屏。善借智"上楼"。把杂志作为思政辅导书、政策宣讲书、培训教科书、工作宣传书，将学刊用刊订刊工作纳入全省年度宣传工作先进单位考评指标，助力讲好湖南退役军人故事、宣传湖南退役军人工作。注重与湖南日报、湖南卫视、红网等省直主要媒体合作，不断创新传播手段，让宣传工作更上一层楼。近年来，湖南日报、新湖南先后开设"新时代老兵新传""缅怀英烈·铭记湖南那些最闪亮的坐标""致敬最可爱的人""双拥情·湖湘潮"等20多个专栏。2023年，联合湖南卫视拍摄抗美援朝战争胜利70周年6集纪录片《超时空寻找》，采用虚拟现实技术，让抗美援朝老战士"重返"刻骨铭心的场景、"重逢"魂牵梦萦的战友，《人民日报》、新华网等央媒纷纷报道，社会反响强烈。在红网开设退役军人频道，累计上稿5200多篇。敢借力"推销"。加强与银行等金融企业合作，助力退役军人宣传工作。2022年，与邮储银行联合举办"邮储银行杯·老兵留光影"摄影、短视频、征文、书法大赛。大赛历时7个月，拍摄大赛宣传视频11个，确保活动持续升温。其间，还通过湖南日报、新湖南独家策划推出《百岁老兵留光影》栏目，利用视频、海报、文图报道等多种形式，立体展现了20多名百岁老兵光辉的革命经历，在"八一"当天刊发整版百岁老兵摄影专版，进一步扩大活动影响力、覆盖面。与工商银行联合举办"穿越烽火岁月·老兵口述党史"活动，在喜马拉雅、百度百家号、头条号等多平台进行视频展播、开展朗读大赛，激励退役军人奋进新征程、建功新时代。

三、严实结合增强宣传驱动力

建立健全宣传工作机制，强化激励，严格考核，"点燃"宣传工作动力。健全专门制度。出台《湖南省退役军人事务厅官方网站与政务新媒体管理办法》等制度，规范厅官网官微宣传稿件报送、审批、发布等流程。2022年起建立信息直报点制度，明确信息直报点宣传工作任务、激励措施等，32个信息直报点报送热情高涨。2023年，厅官网"市州工作"栏目上稿915条，月均76条，月均上稿量比

2022年增加82.6%。各地也结合实际，制定出台了一批有效管用的制度。长沙市制定稿件审核、计分考核、定期通报、稿酬奖励等制度，每年拿出5万元作为宣传工作奖励。常德市将宣传工作纳入县市区退役军人事务部门绩效考核指标，纳入局机关内部各科室评先评优重要依据。郴州市将宣传工作作为重点加分项目纳入各县市区退役军人工作绩效综合考评办法。慈利县将宣传工作纳入乡镇绩效考核，该县2022年度被评为全省信息宣传工作先进单位，信息宣传工作人员在年度考核中直接被局党组评定为"优秀"等次。建强专职队伍。建立覆盖省市县三级退役军人事务部门的信息宣传员队伍，人数达344人。定期对宣传工作人员进行线上线下培训，采取"老带新"、跟班学习、稿件点评等办法，提升宣传工作人员能力。每年集中对宣传工作人员进行专题培训。搭建工作交流协作平台，建立"全省信息宣传工作微信群"，宣传工作人员、省直主要媒体工作人员可在群里分享优秀稿件、征集稿件素材，交流沟通方便、快捷、高效。优化专项考核。每季度对厅机关处室单位、各市州、信息直报点宣传工作进行通报，对稿件采用按照不同权重统计计分。建立健全奖励激励机制，宣传工作较好的市州退役军人事务局、信息直报点报送的宣传稿件，省厅官网官微优先采用，优先推荐至退役军人事务部官网、《中国退役军人》杂志及微信公众号，部省宣传工作奖励优先推荐信息直报点等，有效提高各地做好宣传工作积极性。

强基固本　坚强思想引领主阵地
铸魂励志　构建宣传工作新格局

文／王鹏　周艳红

近年来，重庆市退役军人事务局深入学习习近平总书记关于退役军人工作重要论述，认真落实上级关于宣传工作的决策部署，积极在把准宣传之向、筑牢宣传之基、聚合宣传之力上理思路、想办法、下功夫，切实推动退役军人宣传工作高质量发展，促进新时代退役军人工作创新发展和退役军人服务保障水平巩固提升。

一、主要做法

（一）坚持以铸魂励志为根本，牢牢把握宣传工作"总方向"。一是唱响主旋律。深入学习贯彻习近平新时代中国特色社会主义思想，全面贯彻习近平总书记关于退役军人工作重要论述，及时跟进宣传党中央重要会议、重要决策部署等，适时做好与退役军人工作相关的重要政策宣传、解读等，教育引导退役军人永远听党话、感党恩、跟党走。紧紧围绕党史学习教育、学习贯彻习近平新时代中国特色社会主义思想主题教育等，专门研究、专题策划、专栏发布，切实做到有深度、有氛围、有成效。二是传播正能量。建立重庆退役军人先进人物、先进事迹素材库，讲好"最美退役军人"故事，写好"模范"退役军人先进事迹，宣传好做出突出贡献、干出一番事业、发挥积极作用的退役军人正面典型。谢彬蓉、赵孝英、幺周力等退役军人的奋斗实绩被中央级、市级媒体广泛宣传，增强了传播力、树立了好形象。打造"重庆英烈网上纪念堂"，组织"红岩英烈故事"展演，创建数字纪念馆、H5小程序等，传承红色基因、赓续红色血脉。在2023年清明节，铜梁区邱少云烈士纪念馆参加了退役军人事务部宣传中心主办的"清明祭英烈"主题纪念活动，从前期筹备、现场直播到后续的宣传发动，市退役军人事务局组织的直播团队全力保障现场直

2023年9月30日，重庆市铜梁区邱少云纪念馆，学生代表向烈士敬献鲜花。

播，既得到了好的网民反响，也弘扬了英烈精神。三是激励团结奋斗。每年在重庆日报、重庆电视台等市级主流媒体发布全市退役军人工作综述。在"七一"、"八一"、烈士纪念日等重要时间节点进行主题策划、专题宣传，大力营造全社会尊重退役军人、关心支持退役军人工作的浓厚氛围。常态化开设"部门动态""基层动态""焦点图片""退役军人风采"等专栏，适时更新、发布工作动态、特色亮点、经验做法等，重庆市"让退役军人获得感成色更足"照片入选迎接党的二十大"奋进新时代"主题成就展，在中央综合展区国防和军队建设主题区亮相；江北"指导员在线"、万州燕湾小区退役军人志愿服务队等信息被人民日报、退役军人事务部官网、《中国退役军人》杂志采用，宣传了精品、树立了品牌。

（二）坚持以强基固本为手段，坚决守好宣传工作"主阵地"。一是强化组织领导。明确主体责任，坚持党管宣传，建立了由局党组书记、局长任组长的宣传思想工作领导小组，统筹规划、强化举措、压实责任。局党组会定期听取宣传工作情况汇报。落实具体责任，分管领导带头谋划、带头组织、带头协调推动宣传，研究具体

目标，细化工作措施，指定专人负责。细化责任清单，局办公室加强统筹协调，每年年初制定年度宣传计划，细化各处室、直属单位责任清单，每季度落实具体事项，每月总结经验、分析问题、逐步改进。二是强化制度建设。落实"三审三校"责任制，出台新闻宣传工作规范，完善稿件审核、信息发布流程，层层压实责任、层层审核把关，确保信息质量。落实新闻发言人制度，局分管领导任新闻发言人，成立新闻发言组，组织开展"发言人来了"等活动，定期举办新闻媒体通气会，确保政务信息的公开透明。落实其他信息管理制度，建立完善教育培训、定期汇报、监督考核等10余项制度，确保退役军人宣传工作有力有序有效推进。三是强化安全保障。抓意识形态，定期召开意识形态工作会议，学习意识形态工作重要理论，分析形势、部署任务，建设好退役军人工作新闻舆论、思想政治、教育引导等各个阵地，不断提高宣传工作的针对性、时效性和影响力。制定并下发规范党员干部网络行为通知，明确正面、负面责任双清单，举办意识形态专题讲座，增强意识、规范行为、坚守阵地。

（三）坚持以团结协作为支撑，着力构建宣传工作"新格局"。一是网上网下一体。建立覆盖局机关、5个直属单位、41个区县局的"1+5+41"宣传思想工作队伍，全系统明确138名干部负责推动宣传工作。建立"5+X"媒体队伍，与人民日报、新华网、人民网、重庆日报、华龙网等中央级、市级5家媒体建立合作关系，各媒体明确"跑跟"记者，多方位、多维度、多视角宣传重庆退役军人工作及退役军人先进事迹。在2022年夏，重庆山火频发，退役军人志愿者火速奔赴"一线"救援，退役军人事务系统的宣传队伍上下联动，采写了系列报道、联动媒体，广泛传播，点击率、浏览量超过100万+。

截至目前，各媒体已发布重庆信息500余条，山火救援、抗洪抢险等系列事例、感人瞬间生动诠释并展示了重庆退役军人形象。组建了100余支退役军人宣讲队，持续开展党的红色历史、国防和军队建设、党和国家对退役军人的关心优待等宣讲500余场次，让广大退役军人感受到以习近平同志为核心的党中央的关心关爱，不断加深对新法规、新政策、新措施的正确领会把握，更加理解

2022年8月19日，重庆市江津区退役军人志愿者支援支坪镇山火救援。

支持退役军人工作。二是内宣外宣联动。精细运维"一微一网一视频号"，明确局办公室、规划财务处、市退役军人服务中心共4名同志专门负责局微信公众号、网站运营、视频号维护，重庆日报、华龙网新媒体团队协助。精准对接"一网一刊"，落实2名专职人员每月对接退役军人事务部官网、《中国退役军人》杂志，根据部官网、杂志要求及时报送稿件。截至目前，共刊发稿件400余篇，更好展示重庆退役军人工作。

二、案例分析

学习贯彻习近平新时代中国特色社会主义思想主题教育启动以来，重庆市退役军人事务局扎实做好主题教育宣传工作。一是成立主题教育宣传小组。作为主题教育领导小组办公室重要组成部分，坚持落实"党组每月推进、分管领导每周研究、主题教育办每天调度"工作制度，由5名工作人员专门负责，具体承办宣传策划、媒体

对接、稿件撰写、信息发布等工作，确保宣传工作及时跟进、扎实有效。二是开展一系列重点宣传。被市委主题教育办确定为全市首批重点宣传单位之一。制作宣传展板12张，局微信公众号、官方网站发布相关信息65期。组织6家中央级媒体、8家市级媒体开展集体采访活动，集中发布《重庆市退役军人事务局把理论学习摆在首位，引导党员干部——面对面听取意见 实打实解决问题》《重庆市退役军人事务局：扎实开展主题教育 推进退役军人工作高质量发展》等重要稿件，氛围浓厚、反响热烈。三是强化一系列服务保障。宣传小组每天关注、梳理主题教育相关信息，将重要理论、重要信息及时传达至每名党员、干部。全程参与局系统主题教育重要会议、重要活动，及时采写新闻稿件，按程序送审并发布。相关信息被退役军人事务部官网、《中国退役军人》杂志以及其他媒体采用17件次。跟进服务媒体，扎实做好宣传策划、资料收集、组织协调、稿件审核等相关工作，确保宣传有氛围、有质量，合力推动主题教育走深走实。

三、经验启示

习近平总书记强调，宣传工作是党的一项极端重要的工作；领导干部要做实干家，也要做宣传家。重庆市退役军人事务局组建以来，局党组始终把宣传工作摆在全局工作重要位置，为推动全市退役军人工作高质量发展提供了强有力的思想舆论支撑。其中有三点经验启示：一是宣传工作必须坚持党的领导。旗帜鲜明坚持党管宣传、党管意识形态，旗帜鲜明讲政治，始终胸怀"国之大者"，深刻领会"两个确立"的决定性意义，坚决做到"两个维护"，确保党的意志和主张贯穿退役军人宣传工作各方面全过程。二是宣传工作必须坚守为民情怀。要强化为民服务，深入基层把握民情民声民愿，会说群众话，多办群众事，使退役军人获得感幸福感安全感更加充实、更有保障、更可持续。落实到工作中，就是要通过讲故事来讲道理，以生动的事实、可感的事实来体现精神实质。重庆市退役军人事务系统用镜头拍摄了闪送员张光远即使在风雨里奔波，也信心满满、阳光而又灿烂的笑容；用视频记录了退役军人志愿者参与山火救援、疫情防控、抗旱救灾后，舞着树枝蹦蹦跳跳下山、穿着防护服对生活比个"耶"、面对群众夸赞羞涩得不知所措……宣传退役军人，就是要尽可能客观真实、全面立体、形象生动地讲述他们的故事，让接"地气"、有"烟火气"的退役军人"人气"聚起来，让可信、可爱、可敬的退役军人形象树起来。三是宣传工作必须坚定立场原则。压紧压实主管主办责任，守住管好理论舆论、文化文艺、内宣外宣、网上网下、系统内系统外各个宣传阵地，统一思想、凝聚共识、鼓足干劲。健全完善政务信息、新媒体管理制度，坚持依法管网治网，营造清朗、安全的网络空间。教育引导退役军人工作者、退役军人敢于担当亮剑，正本清源，旗帜鲜明反对和抵制各种错误观点。

用笔凝聚退役军人团结奋进力量

文／刘斌　曹伟男

陕西省退役军人事务厅高度重视宣传工作，作为意识形态工作的重要内容来抓，让宣传工作成为传递党的声音、解读宣讲政策、选树优秀典型、互鉴经验做法的有效载体，不断增强宣传报道的传播力、引导力、影响力、公信力，在全社会营造"当兵受尊崇，退役受尊重"的浓厚氛围。

一、把握正确政治方向，凝聚"同心圆"

退役军人事务部门是政治部门，宣传思想工作是政治工作。讲政治就是找到伟大思想与退役军人工作高质量发展的结合点，把忠诚拥护"两个确立"、坚决做到"两个维护"落实到具体新闻实践中，体现到宣传效果上。2023年是延安双拥运动80周年，为落实习近平总书记重要指示精神，陕西省退役军人事务厅扎实开展纪念延安双拥运动系列宣传活动，与延安市退役军人事务局协同，联系人民日报陆续推出《宝塔山下，共谱双拥赞歌》《当"青春之舰"遇上"红色之城"》等文章，文中多次引用习近平总书记关于双拥工作的重要论述，以宏大的视角、生动的细节记录了延安市创新推进双拥工作的好做法、好经验，通过双拥氛围日益浓厚的表达，谱写新时代新征程陕西双拥故事。在退役军人事务部宣传中心指导下，陕西又在《中国退役军人》杂志第8期推出了《用我的名字呼唤你》专题报道，用独特的视角，讲述了"城舰共建"故事。

二、聚焦重大主题宣传，传播"好声音"

2023年是学习宣传贯彻党的二十大精神开局之年，抓好宣传工作意义重大、影响深远。陕西省退役军人事务系统紧紧围绕学习宣传贯彻党的二十大精神主题主线，准确把握新形势、新任务、新使命、新要求，充分发挥举旗帜、聚民心、育新人、兴文化、展形象的重要作用，为全省退役军人工作高质量发展统一思想、凝聚力量。对厅属宣传平台全面改版，突出政治站位，发布学习宣传贯彻党的二十大精神稿件115篇，主题教育开展以来，聚焦学习贯彻习近平新时代中国特色社会主义思想，发布稿件541余篇，让党的创新理论飞入寻常百姓家。对接退役军人事务部宣传中心，开展"高质量发展调研采访活动"陕西宣传调研，为陕西宣传思想工作精准把脉。

三、讲好退役军人故事，宣传"正能量"

陕西省退役军人事务厅坚持镜头向下，突出思想引领、突出典型宣传，全面展现广大退役军人投身谱写中国式现代化建设的陕西新篇章的精神风貌。2022年，重庆汉子蒋正全英勇救人牺牲的事迹感动西安城，陕西省退役军人事务厅认真按照程序对蒋正全进行烈士评定，并联动陕西发布播出了蒋正全被评为烈士的消息，赢得广泛赞誉。陕西的"95后"青年摄影师韩佳龙，发起"志愿军肖像拍摄计划"，为169位抗美援朝老兵免费定制服装、拍摄肖像。在退役军人事务部宣传中心指导下，《中国退役军人》杂志以《刚认识，就告别》为题刊发了韩佳龙的故事，让爱的传递感动更多人。

2023年5月31日，陕西省退役军人就业创业招聘活动现场

四、突出重点关切问题，搭好"麦克风"

根据退役军人所盼，着重宣传各类政策解读、优先优待和就业创业活动。首届全国退役军人创业创新成果展交会在陕举办期间，陕西省退役军人事务部门协调中省市26家主流媒体，开设展交会官网、官微、官号等自媒体平台，设立2200多处宣传点，吸引600多万人线上观看，现场吸引了全国各地5万多人次、40多家投融资机构参展观展，现场交易6900多万元，集中签约40个项目总计30.84亿元。陕西省2023年"戎耀三秦·职等你来"退役军人就业招聘活动，实行前期、中期、后期全过程宣传，网络关注度达264.6万人次，线上常态实施创新企业展示+直播带岗方式，当天浏览量达47.8万余人，直播回看2.4万余人，实现在线双选，直通就业活动启动当天，线下提供就业岗位2万多个，线上线下应聘21545人次、达成就业意向

8859人次。

五、持续巩固宣传平台，建强"主阵地"

办公室统筹宣传工作，通过政府购买服务的方式，运维官方微信公众号、抖音号、头条号、图文采编项目，印刷邮寄《陕西退役军人》内刊。出台宣传工作办法，建立覆盖全省各县区的宣传通讯员队伍，定期约稿提供宣传素材，各市县积极报送特色亮点，项目承接单位主动挖掘采编、讲好退役军人故事。2023年1—8月，厅官方微信公众号阅读量425.89万人次，头条号阅读展现量3533.24万人次，抖音号阅读量达5212.8万+，拍摄图文宣传70余场次，编印年度《请您检阅》，记录年度退役军人工作实绩。

唱响主旋律　传递好声音
打造八闽大地"军民情"宣传品牌

文／徐进

　　近年来，在退役军人事务部办公厅、宣传中心的关心支持下，福建省退役军人事务厅宣传工作始终坚持以习近平新时代中国特色社会主义思想为指导，围绕全省系统"办实事、抓落实、创特色、促提升"的统一部署，紧紧围绕厅党组探索形成的"精准服务工作法"，主动借势借力，坚持精细精美，聚焦同心同向，打造具有福建特色的"军民情"宣传品牌新格局，多角度、全方位报道福建省退役军人事务系统落实党中央、国务院决策部署及省委省政府工作要求，深入宣传报道福建省退役军人工作的创新做法、典型经验，全面展示八闽大地"爱我人民爱我军"的优良传统和生动实践。

　　一、高站位推动，提质增效

　　一是省领导高度重视。在福建省委退役军人事务工作领导小组、省双拥共建工作领导小组等会议上，省领导明确指出，退役军人是党和国家的宝贵财富，讲好退役军人故事是做好退役军人工作的重要组成部分。要求全系统上下创作好作品，传播好声音，传递正能量，助力新时代退役军人工作高质量发展。

二是厅党组精心部署。厅党组多次研究部署宣传工作，牢牢把握正确舆论导向。厅主要领导、分管领导亲自指导，协调推动重点工作、重要节点宣传工作。将各处室、所属单位和市级退役军人局上稿量、舆情动态纳入省厅绩效考评指标体系。每年度制定并印发年度宣传工作要点，明确宣传任务，细化部门责任，督促推动落实，宣传实效持续增强。厅每年投入宣传专项经费约200万元，开辟媒体合作平台、组织开展最美退役军人、军休立新功、双拥模范城（县）创建等专题宣传。

三是工作组有力有效。创新建立厅新闻宣传和政务信息工作小组，具体宣传业务由厅办公室统筹、省服务中心承接。这几年上稿量持续增长。据统计，每年系统新闻宣传和政务信息采写量、上稿量均保持持续增长势头，2023年，全年共向省级及以上媒体投送新闻稿16374篇、政务信息114篇。被省级及以上媒体（含政务信息媒体）采用9695篇，被央媒（含新媒体客户端）采用6457篇，被退役军人事务部官网官微、《中国退役军人》杂志及其微信公众号采用854篇，被退役军人事务部简报、省委办、省政府办信息简报采用53篇。厅官微曾位列全省政务信息微信公众号排行榜第10名。通过讲好退役军人故事，筑牢高举旗帜、听党指挥的思想基础，牢牢掌握意识形态工作的领导权和主动权。

二、机制化运行，常态长效

一是建立宣传专班机制。厅新闻宣传与政务信息小组组长由厅办公室主任兼任，厅办与省退役军人服务中心联合成立新闻宣传工作专班，各处室和直属单位信息员参加，建立省市县三级宣传队伍，建立宣传专班工作机制，整合全省宣传资源，强化宣传策划，主动对接媒体，加强培训指导，形成"精细美"的宣传机制。全省退役军人事务系统办公室主任培训班、全省县级以上服务中心主任培训班均开设宣传课题，予以业务辅导。

二是建立用稿通报机制。省厅建立月通报制度，省服务中心建立季通报制度，及时通报9市1区和厅机关（单位）的投稿量、采用量，营造比学赶超、争先创优的浓厚氛围。

三是建立稿件报送机制。对内，按照"分级审核、先审后发、归口管理、统一发布"原则，确定"三审三校"流程，每天稿件在编辑成稿后，由宣传小组核校、厅办主任初审、分管副厅长审定，同时备案厅长，确保新闻宣传工作方向正确、聚焦重点、真实准确、及时有效。对外，按照"对口适用、分类报送"原则，针对不同媒体平台用稿需求，对同一题材进行不同风格、不同角度采编，确保稿件"适销对路"，努力扩大宣传影响。

四是建立线索互通机制。对下，充分运用全省"新闻宣传工作群"及时发布每时期宣传重点，安排主题约稿，分解相关任务，收集有关素材，省市县三级密切联动；横向，根据每个阶段的宣传主题，及时与厅机关各处室、所属单位沟通策划，确定新闻宣传选题，拓展相关线索渠道；对外，建立每半月与省内主流媒体跑口记者线索报送制度，与部宣传中心福建区域采编人员常态联系，对相关线索及时报送、沟通和协调。

三、多平台发力，走深走实

一是巩固提升"一网两微"主阵地。福建省退役军人事务厅现有厅官网和厅公众号、福建双拥公众号3个平台，通过认真研究、学习借鉴"中国退役军人"媒体矩阵的宣传方向、版式安排、栏目设置，福建省退役军人事务厅全面改进宣传方式，提高采编质量，宣传实效有力提升，特别是厅公众号有近三分之一稿件被省内各级新闻单位新媒体和市、县两级退役军人事务系统官微官网转发，成为厅发布权威信息的主阵地、主渠道。

二是升级改版"军民情"广播。"军民情"广播是福建省退役军人事务厅与福建广播电台合作的传播平台，每周一期，每期10分钟，至今开播183期。围绕读者的需求方向，升级改版"军民情"广播，每期收听量保持在500万人次左右，稳居"喜马拉雅""蜻蜓"等知名音频传播平台"政务新闻"节目收听榜前7位。

三是优化提升"军民情"网站。"军民情"网站是与福建规模最大、访问量最多的新闻网站"东南网"合作，福建省退役军人事务厅参照部官网对其中专题、版式、内容进行了提升，对报道方向也进行改进，访问浏览量明显提升。

四是策划推广短视频宣传。福建省退役军人事务厅与省电视台合作，推进典型短视频宣传，多角度报道福建省退役军人工作和双拥工作，宣传反响较大。策划拍摄了100集特别节目《老兵讲党史》，全网播放量超9000万；每年组织开展10集《军休立新功》系列短视频宣传，反响良好。每逢清明、"八一"、烈士纪念日、春节，福建省退役军人事务厅制作短视频向各个媒体发布，营造尊崇尊重的良好氛围。其中清明节短视频《我们共同缅怀英烈，一起向未来》在学习强国等110多家新媒体刊发；短视频《陈祥榕画像前摆放着甜甜的桔子》，在央视新闻微博刊发，单条阅读量达1025万。

四、特色化宣传，有声有色

一是双拥宣传氛围浓。立足福建双拥特色，深入宣传报道全省军地传承弘扬习近平总书记在闽有关双拥工作的重大理念和重大实践，全年持续宣传双拥共建好做法、新成效。每年8月份在省级主流媒体和学习强国等平台，重点推出综述性报道、纪实性短视频、画册等，成为争创全国双拥模范城（县）的重要抓手。

二是"最美"宣传影响广。每年评选全省最美退役军人活动，策划做好活动前、活动中、活动后的宣传报道，举办大型发布会，营造宣传一批、引导一片、影响一域的尊崇尊重氛围。

三是访谈栏目成效好。在去年年初省委实施"三提三效"行动时，福建省退役军人事务厅策划设区市局长访谈栏目，邀请各地局长结合当地实际谈如何做好"开门红"的各项重点工作，引导全省退役军人系统在"效"上看高低、见担当、显精神。全省系统47个微信公众号和相关网站及部分当地其他政务新媒体予以转发刊播。连续两年8月份，开设双拥办主任话双拥栏目，实现很好宣传效果。

四是褒扬纪念关注多。2022年邀请部宣传中心来闽采访报道福建省烈士纪念设施整修提升工作，清明节前后在《解放军报》《中国国防报》《中国退役军人》杂志及其官微官网，多角度报道福建省烈士纪念整修提升取得的成效和形成的经验。在部宣传中心关爱下，连续3年配合开展"清明祭英烈"网络直播，每次均有数千万网友观看。

五是服务大局作用大。为配合福建省退役军人事务厅出台《进一步促进退役军人就业创业十条措施》，在厅官微官网开设"创业先锋"专栏；为配合各地优待证申领发放工作，开设了"优待证动态"栏目，连续刊发各地申领工作新做法、新成效；结合村居换届，开设"八闽兵支书"栏目，这些特色宣传引领全年退役军人宣传工作的主旋律。

五、多层次联动，拓展成效

围绕优抚褒扬、就业创业、双拥共建、思政引领、信息建设、服务保障等重点工作，积极主动邀请部宣传中心记者来闽策划主题、组织采访，进一步加大对福建省优秀退役军人典型和退役军人工作亮点特色的宣传报道力度，以杂志为载体和平台交流学习，研究探索信息共享、推动工作的互动机制，提升各级领导干部业务能力，为退役军人提供更及时、更优质的服务。

坚持首善标准　培树"北京榜样"

文／闫瑜　朱韶卿

北京市退役军人事务局始终坚持以习近平新时代中国特色社会主义思想为指导，坚决贯彻落实习近平总书记关于退役军人工作重要论述，在退役军人事务部有力指导下，在北京市委、市政府的坚强领导下，锚定"让军人成为全社会尊崇的职业，让退役军人成为全社会尊重的人"目标，以宣传贯彻党的二十大精神为主线，深刻领悟"两个确立"的决定性意义，增强"四个意识"、坚定"四个自信"、做到"两个维护"，自觉以新时代首都发展为统领，坚持首善标准、发扬首创精神、发挥首都优势，稳中求进、守正创新，为新时代新征程首都退役军人工作汇聚磅礴力量。

组建以来，北京市退役军人事务局党组高度重视宣传工作，一把手亲自部署，明确提出要求，将宣传工作作为一项政治工作，同业务工作一起研究谋划、一同安排部署、一道推进落实。

一、高举旗帜筑信仰

退役军人是党和国家的宝贵财富，值得倍加关心、倍加爱护。党的十八大以来，以习近平同志为核心的党中央高度重视退役军人工作，习近平总书记多次就退役军人工作作出重要指示，为做好退役军人工作提供了根本遵循。组建以来，北京市退役军人事务局牢记"看北京首先要从政治上看"的要求，心怀"国之大者"，坚持用马克思主义中国化时代化最新成果武装头脑、指导实践、推动工作，把学习宣传贯彻习近平新时代中国特色社会主义思想不断引向深入。

不断强化政治意识。深入贯彻落实习近平总书记关于退役军人工作重要论述，学习贯彻习近平总书记对北京一系列重要讲话精神，紧紧围绕庆祝建党百年、学习宣传贯彻党的二十大精神、学习贯彻习近平新时代中国特色社会主义思想主题教育，宣传退役军人事务系统工作举措和成效，推广有益经验、注重示范引领，从首都退役军人工作角度，开展"喜迎国庆73周年""喜迎党的二十大"等主题宣传活动，在全市公交、楼宇大屏滚动播放7天，覆盖北京六环内超600条公交线路，日均触达超百万人次，大力营造学习宣传氛围，使党的创新理论打动人心、深入人心，切实把思想和行动统一到以习近平同志为核心的党中央决策部署上来。

坚持正确舆论导向。对社会舆论进行及时、有效引导，确保认识正确、导向正确，发挥"指南针""方向盘"作用。主动回应退役军人关切问题，直面社会热点，坚持主动引导、及时引导、深入引导，积极阐释解读退役军人各项政策举措，主动解开退役军人"思想疙瘩"。优待证统一制发，受到社会广泛关注。为此，局微信公众号推出《官宣，我市有序开展建档立卡和优待证申领工作》，单条阅读量超20万人次；针对退役军人反映较多的问题，及时回应并发布《退役军人优待证常见问题，官方解答来啦！》；为使广大退役军人第一时间掌握了解权威信息，开设"优待证动态"专题专栏，同步发布市级、各区相关工作进展情况，转发退役军人事务部官方信息，先后发布相关报道40余条，总阅读量近50万人次。

做大做强正面宣传。退役军人工作事关强国兴军大业、事关改革发展大局，政治性强、敏感度高，北京市退役军人事务局始终把政治方向摆在第一位，坚持做大做强正面宣传，引导广大退役军人

多看主流、多看本质、多看光明面、多聚正能量，形成积极健康向上的思想舆论环境。持续开展学习宣传"北京榜样·最美退役军人""老兵永远跟党走"系列活动，在局媒体矩阵开设"喜庆二十大|区局长谈感想、话收获、谋发展""主题教育"等原创专栏，激发广大退役军人感党恩、听党话、跟党走，在京华大地奏响学党史、悟思想、办实事、开新局的奋进强音。

二、强基固本促发展

习近平总书记指出，宣传思想战线要"坚持正确政治方向，在基础性、战略性工作上下功夫，在关键处、要害处下功夫，在工作质量和水平上下功夫，推动宣传思想工作不断强起来"。树立"大宣传"的工作理念，不断完善宣传制度机制，持续加强阵地载体建设，针对系统宣传工作不同特点，有的放矢、务求实效，制定具体管理措施，形成全方位、成系列的宣传思想阵地管理制度体系。

完善制度建设。牢固树立系统上下"一盘棋"的理念，完善定期沟通联系机制，建立涵盖四级宣传工作体系的宣传工作联络群，畅通系统上下联系的渠道，凝聚形成合力。完善信息报送制度，市局各部门报送信息均需符合政府信息公开审核流程，坚持分级审核，经信息产生部门、保密部门、分管局领导审核后方可报送，严把政治关、保密关、文字关。完善信息推荐制度，各单位通过微信工作群分享信息，使优质新闻及时共享，其中，有价值的新闻线索，市局安排专人采访进行深入报道；主动向市、区两级约稿，并推荐上报退役军人事务部，针对在部媒体矩阵刊登的信息，做到及时在群里分享。完善信息刊登统计，建立信息刊登台账，统计市局、各区在市级平台、部级平台刊登情况，每月进行通报排名，督促各单位在保证上报稿件数量的同时，不断提高稿件质量，提升系统宣传工作水平。

建好宣传主阵地。系统各媒体矩阵平台是推动退役军人工作发展的重要指导工具，是传播退役军人声音的重要舆论阵地，也是广大退役军人的重要服务平台。北京市退役军人事务系统建立健全"一网一微一号"宣传主阵地，北京市退役军人事务局打造"五大平台"宣传阵地，即官网、学习强国"强国号"、微信公众号、微博号、抖音号，北京市各区退役军人事务局全部建立微信公众号，进一步延伸扩大北京市退役军人事务系统媒体矩阵影响力和传播力。在全国各省（市）退役军人事务厅（局）中率先在"学习强国"学习平台开通强国号；微信公众号实现关注量超100万人；"首都老兵"微博内容丰富、特色亮点突出，热门内容转发、评论破千人次，粉丝量超20万人。

提升业务素养。北京市退役军人事务系统构建了市、区、街道（乡镇）、社区（村）退役军人服务中心（站）四级宣传工作体系。从2021年起，开展各区退役军人事务局信息宣传员到市局顶岗轮训，以干促学、学用结合，提升了北京市退役军人事务系统宣传工作人员的素质能力。同时，努力打造一支讲政治、业务精、有情怀、敢担当的高素质宣传工作队伍，每年年初召开系统宣传工作会议，部署年度重点任务，为做好全年宣传工作指明了前进方向、提出了明确要求；每年举办全市系统政务工作培训班，邀请退役军人事务部宣传中心专家授课辅导，把握宣传工作特点规律，学习退役军人宣传工作业务知识，讲解新闻写作技巧，熟悉掌握媒体技术应用，切实提高了宣传工作人员的能力水平。

三、凝心聚力奏强音

党的十八大以来，习近平总书记高度重视宣传思想文化工作的守正创新，多次发表重要论述，进行工作部署。要坚持围绕中心、服务大局，将宣传思想贯穿于中心工作始终，坚持守正创新，使宣传内容体现时代性、把握规律性、富于创造性。发挥宣传工作成风化人、凝心聚力的作用，多宣传报道首都退役军人的伟大奋斗和感人事迹，讲好首都退役军人故事。

坚持守正创新。在重大事件发生之时、重要节点来临之际及时报道、有效报道，创新拓展报、网、端、微、屏等各类宣传手段，聚焦党的二十大、七一建党节、八一建军节、烈士纪念日等重要时间节点，策划专题活动，开展主题宣传、形势宣传、成就宣传。在具体的新闻策划、选题、采写和编排工作中，多用事实说话、用数字说话、用服务对象的话，生产出有深度、有温度、有见解的宣传

2023年5月20日，北京市双拥办、北京市退役军人事务局、北京卫戍区政治工作部举办"纪念延安双拥运动80周年——情系军营 为爱启航"军地青年联谊活动。

信息。开展的"我为退役军人办实事"活动被新华社、人民网、解放军报等20多家媒体广泛宣传，让尊崇尊重落到实处；首都双拥模范奖评选表彰、"坐着大巴看北京"国防军事主题公交上线全媒体直播活动等创新举措被新华社、中央电视台、解放军报等媒体报道，引发广泛关注；"首都老兵"微博发布的"口罩后的微笑""课本里的英雄人物"话题，吸引新华社、北京发布等10余家中央、北京市重点微博号加入互动，阅读量超1800万人次。

用好本土资源。充分用好退役军人事务部各媒体矩阵平台资源和北京媒体数量多、资源广、关注度高的优势，与新华社、中央电视台、人民网、国防军视频道、解放军报等中央媒体以及北京电视台、北京日报等市属媒体建立持续合作的良好关系，2023年以来，各类央媒、市媒累计刊登首都退役军人工作信息近400条。

发挥首都特色。北京是一座具有光荣革命传统的城市，革命文物丰富、红色基因深厚。用好红色资源、讲好红色故事、搞好红色教育，邀请"北京冬奥会、冬残奥会突出贡献个人""最美退役军人"等退役军人和北京中小学生宣讲北京英烈事迹，教育引导青少年传承红色基因、赓续红色血脉；连续5年，在《北京日报》整版刊登北京市各区烈士纪念日公祭活动开展情况，在全社会营造尊崇英烈、缅怀英烈、关爱烈属的良好社会氛围。北京驻京部队多、驻军大单位多、服务保障任务重，突出首善标准和首都站位，弘扬首都双拥工作主旋律，传播军政军民团结正能量。每年八一建军节前夕，在《北京日报》整版集中刊载北京市立功受奖信息；在北京电视台开设《鱼水情深》和《双拥在基层》系列电视访谈节目，生动再现了首都双拥系统践行强军梦的生动实践，被评为北京市纪念建党100周年重点推荐栏目。

聚焦重点热点亮点
让退役军人工作更出彩

文 / 孙立超　阎永琦

　　河南省退役军人事务厅深入学习贯彻习近平文化思想，在退役军人事务部办公厅和部宣传中心精心指导下，坚持高点谋划、高效组织、高位统筹，积极推广各地退役军人工作好经验好做法，广泛宣扬退役军人干事创业的模范典型，及时传递党和政府的关心关爱，持续提升宣传工作质效，为推动河南退役军人工作高质量发展提供坚强思想保证、强大精神力量。近年来，河南省退役军人事务厅在《中国退役军人》杂志及公众号、部网站刊发信息300余篇，8家单位、

2021 年 4 月 21 日，河南组织"活党史"进校园 红色基因代代传"主题教育活动

13名个人、5篇信息获部办公厅年度宣传工作先进称号；在省级以上主流媒体发表信息580多篇，网络主题宣传连续两年被省委部门纳入重大主题宣传议题，相关做法在全国退役军人事务系统宣传工作会议上做典型发言。

一、坚持高点谋划，扎实推进退役军人宣传工作

一是高度重视提前谋划。河南省退役军人事务厅党组坚持把退役军人宣传作为工作的重点内容之一，列入每年的年度工作要点，与重点工作同研究、同部署、同调度、同考核，共召开10多次专题会议研究部署退役军人宣传工作。河南省退役军人事务厅主要负责同志先后多次深入基层调研退役军人宣传工作、召开退役军人宣传工作座谈会，对全省辖市退役军人宣传工作提出具体要求。

二是设立机构协同联动。2022年2月，河南省退役军人事务厅成立了专门的宣传内设机构，逐步建立厅办公室牵头负责、各业务处室分工合作、各省辖市齐抓共管、其他宣传职能部门专司其职的"大宣传"工作机制，同频共振、同向发力，为做好年度宣传重点工作奠定坚实的组织基础。定期对系统宣传工作者加强理论和业务能力培训，注重选拔政治可靠、业务过硬的干部赴省厅、媒体部门锻炼学习，全面提升系统内宣传人员业务能力水平。

三是完善机制定期考评。每年年初，制定印发年度宣传活动方案，实施"日小结、周调度、月汇报"工作机制，确保整体宣传工作严格按照节点高质量推进。制定《河南省关于规范加强退役军人事务领域政务信息和新闻宣传工作的意见》《关于进一步规范新闻宣传工作机制的通知》等规章制度，严格新闻发布审批，完善激励引导和考评制度，实行每月通报、年终总评，进一步调动宣传工作者

的积极性和主动性，形成了部门联动、共同参与、齐抓共管的"大宣传"工作格局。

二、坚持高效组织，围绕重点热点亮点抓宣传

一是抓住重点。围绕年度重点工作任务开展系列宣传，聚焦党的二十大、"七一"、"八一"、烈士纪念日等重要时间节点，开展主题宣传、形势宣传、成就宣传，在全社会引起强烈反响，受到社会各界特别是退役军人的肯定。2022年3月，省厅印发《"老兵耀中原喜迎二十大"系列宣传活动工作方案》，决定组织开展退役军人工作大宣传活动、法律法规政策宣传活动、新时代退役军人典型选树活动和红色基因传承系列活动等四大主题的18项宣传活动，被河南省委宣传部、省委网信办纳入全省宣传年度工作计划。2023年7月，联合河南日报顶端新闻制作《抗美援朝胜利70周年，致敬英雄》海报；联合河南日报赴多地采访部分抗美援朝老兵和拥军人物，以《跨越时空 永续传承——纪念抗美援朝战胜胜利70周年》为题于7月27日在河南日报第9版整版刊发；联合河南新闻广播在新浪微博账号开设话题#91岁抗美援朝老兵曾血战7天7夜#话题，80余家媒体转发，浏览量5160余万，讨论1400多次，互动1.2万，热搜榜最高位置第5位，在榜2.3小时。

二是抢抓热点。聚焦工作重点、政策热点，加强与宣传职能部门、各大主流媒体的沟通交流，准确掌握宣传最新动向和舆情热点。2022年6月5日，协同河南日报顶端新闻在线直播神舟十四号宇航员陈冬父母观看发射过程，央视新闻现场进行了同步直播。2023年5月，联合省委宣传部策划宣传"出彩河南人"第四届最美退役军人宣传推介活动发布仪式，部官网、省政府官网、河南日报、河南卫

视等对活动进行了宣传报道；联合河南广播电视台公共频道开设2个微博话题，40余家省级官方微博转发话题，浏览量1250余万，讨论3160余次。微博话题#退役军人一家4口登记器官捐赠#，36家省级官方微博转发话题，浏览量2380余万，讨论2600余次。

三是打造亮点。河南省退役军人事务厅联合河南省广播电视台都市频道于2022年5月开设省内首个退役军人新闻专题专栏《老兵耀中原》，通过退役军人政策法规宣讲、重要工作时讯、典型人物宣传引领等多个专题，向省内外广大退役军人动态展示工作重点、解析政策热点、讲好退役军人故事，引导社会各界关注退役军人工作、关爱退役军人。目前，已播出节目专栏60期、专题报道320个、退役军人典型报道43个，受到省内外退役军人热烈欢迎。连续三年联合河南省委宣传部、省广播电视台举办"共和国不会忘记——传承红色基因 我为烈士寻亲"大型公益寻亲融媒体活动，寻亲团队奔赴3省20多个市县区，线上线下共为100余位烈士找到亲人或家乡，制作播出周播节目12期，推出视频80余条，全网点击量4亿多，人民日报海外版、央视网新闻、中国网、中国国防报等省内外主流媒体关注报道。

三、坚持高位统筹，筑牢宣传思想工作主阵地

一是积极主动对接，共同谋划推进。主动加强与部办公厅、宣传中心，省委省政府信息处沟通联系，积极争取支持，确保信息畅通、宣传高效。扩大退役军人信息在退役军人事务部和省委、省政府有关信息载体上的刊发率，拓展退役军人信息在退役军人事务部门户网站、省政府门户网站的刊发渠道。多次邀请部宣传中心和省委省政府信息处领导专家对全系统进行授课辅导。与系统主要媒体

《中国退役军人》《新时代中国双拥》建立良好的互动关系，积极提供新闻线索，主动组稿投稿。近年来，在《中国退役军人》《新时代中国双拥》刊发稿件30余篇，省厅连续2年被评为《中国退役军人》宣传工作先进单位。

二是强化省市联动，凝聚强大合力。完善"一网一微"宣传主阵地，开通官方门户网站、官方微信公众号，并开办主题宣传专栏；牢固树立"一盘棋""一家人"理念，畅通全省退役军人事务系统上下、左右联系的渠道，互相交流经验、沟通情况，共同推进工作，畅通与各省辖市、厅机关各处室和厅属各单位的信息报送渠道。同时，组建省、市、县三级通讯员队伍，并建立河南省退役军人宣传和政务信息工作微信群，打造省市县"三级联动"信息宣传格局。

三是探索政媒合作，拓展宣传新路。河南省退役军人事务厅积极探索"政务+媒体+服务"发展新路子，不断提高宣传工作的传播力引导力公信力，印发《河南省退役军人事务厅政媒协作工作方案》，明确系统内每个月份的宣传工作重点和相关责任处室，并探索建立完善"周研判、月总结、季通报、不定期联络采访"的政媒协作工作机制；与河南日报，河南省广播电视台新闻中心、都市频道、交通广播，凤凰网河南等5家媒体签署战略合作协议，探索构建"报刊有文章、广播有声音、电视有影像、网络有专题、手机有信息"的立体化宣传工作体系。

润心赋能　唱响退役军人好声音

文／张玺　喻柳叶

"崇军黔行·戎归增辉"，回望过去五年，尊崇之光在黔贵大地闪耀绽放。五年来，在退役军人事务部和省委省政府正确领导下，贵州始终坚持以习近平新时代中国特色社会主义思想为指导，锚定"让军人成为全社会尊崇的职业、让退役军人成为全社会尊重的人"的目标，坚持自信自强、守正创新，不断提升宣传思想引领力、新闻传播影响力、正面舆论引导力，持续讲好退役军人故事，为贵州退役军人工作高质量发展凝聚思想共识。

一、坚持党管宣传，深刻把握退役军人宣传工作着力点

深学践悟，把稳"方向盘"。退役军人宣传工作是党的宣传工作的组成部分，也是退役军人工作的重要方面。这五年，贵州省退役军人事务系统坚持不懈用习近平新时代中国特色社会主义思想凝心铸魂，深入学习习近平总书记关于退役军人工作和宣传思想工作的重要论述，开展"崇军黔行·戎归增辉"行动，实施政治理论全员学、主题党课轮流讲、主责主业大家谈、能力素质同步练、创先争优对标做"五大行动"，不断增强党员干部衷心拥护"两个确立"、忠诚践行"两个维护"的思想自觉政治自觉行动自觉，深刻认识和把握退役军人宣传工作的政治意义和现实意义。

系统谋划，绘好"作战图"。方向明、思路清。厅党组高度重视，将宣传工作纳入年度重点工作同研究、同部署、同推动、同落

实。每年初召开全省退役军人事务系统宣传思想工作会议，制定下发本年度宣传工作要点，明确任务目标、责任分工。定期研究谋划意识形态和宣传思想工作，主要领导更是亲自部署、亲自点题，如厅长署名文章《"强能力转作风抓落实"不能流于形式》《"崇军黔行·戎归增辉"的内在逻辑和实践价值》在《中国退役军人》等多个新闻平台发布。同时，将宣传工作经费纳入每年年度经费预算予以保障，制定了省退役军人事务厅新闻发布工作制度、对外信息发布审校制度等，为系统推进宣传工作提供强有力保障。

二、强化内容为王，传递贵州退役军人好声音

聚焦"主责主业"。围绕退役军人事务、拥军优属支前、烈士褒扬纪念主责主业常态化宣传，加强政策宣传，聚焦重大活动，突出工作成效。拍摄制作学习习近平法治思想动漫视频《做一个遵纪守法的退役军人》，厅党组书记、厅长孙拥辉接受省人民政府在线访谈解读《退役军人保障法》，举办贵州省贯彻落实《退役军人保障法》有关工作情况新闻发布会，开展"退役军人招聘月""红色九月""最闪亮的坐标"等主题宣传，拍摄制作年度工作纪实片，全方位多角度立体化展示贵州退役军人工作实效。

坚持"以文化人"。深挖"红色文化""阳明文化""三线文化""屯堡文化"等中华优秀传统文化和本土其他优秀文化，出台促进新时代退役军人作用全员发挥及以文化人强化退役军人思想政治引领两个意见，举办"百年奋斗再起航"全省退役军人美术书法摄影作品展、军休干部文艺汇演，联合省作协推出"践初心使命 显'贵兵'风采 喜迎二十大"征文活动等，在全省开展双拥主题文艺作品创作评选、同唱《退役军人之歌》活动，鼓励支持广大文艺工作

2022年7月28日，贵州省退役军人美术书法摄影作品展，记者采访参展老兵。

者聚焦退役军人创作了《兵支书》《永不褪色》报告文学、《请放心》《双拥情深》原创双拥歌曲等作品，通过文艺活动组织、文化产品开发和广泛宣传，持续讲好退役军人领域文化故事。

突出"典型引领"。在全省遴选宣传一批"最美退役军人""模范退役军人"，深入挖掘他们的先进典型事迹，开展"老兵永远跟党走"巡回宣讲报告会，营造学习"最美"争当"最美"浓厚氛围。评选一批退役军人志愿者"先进个人"、志愿服务"先进集体"，开展全省退役军人学雷锋志愿服务活动暨遴选学习宣传退役军人志愿服务先进典型活动，激励广大退役军人传承发扬雷锋精神。宣传一批优秀"兵支书""兵校长""兵代表"等，创新打造"兵+X"工程，持续开展"了不起的退役军人——新时代贵州退役军人奋斗榜样"主题宣传活动。评选一批"贵州省退役军人创业之星"，举办贵州省退役军人创业创新大赛、军创企业展示会，激励广大退役军人建功新时代。

讲好"四个故事"。聚焦退役军人、烈士及后代、烈士纪念设施、守墓人"四个故事"，多形式开展正面宣传，不断壮大积极向上的主流思想舆论，如，D2809次列车发生脱线事故后，第一时间发布"致哀致敬D2809殉职司机退役军人杨勇"，弘扬退役军人永不褪色的军人本色。又如,《投身教育一线再立新功——3名退役军人走上讲台潜心育人的故事》《鲁班场的守陵老兵》等在《人民日报》刊发,联合贵州广播电视台拍摄制作"红色坚守""红色坐标""拥军人物"等系列短视频24期。同时,举办全省英烈讲解员大赛,创新开展"为烈士寻亲"活动,以"四个故事"为重点开展"英烈精神代代传·固根守魂筑梦圆"征文活动,并组织宣讲团赴各市(州)开展巡回宣讲活动,营造学英烈、赞英烈浓厚氛围。

三、奋力开拓创新,聚力打造宣传工作主阵地

办好各类新闻发布活动。举办"贵州省退役军人工作高质量发展""贵州省退役军人服务保障体系建设和有关工作运行情况""贵州省贯彻落实《中华人民共和国退役军人保障法》有关工作情况"新闻发布会,围绕退役军人普遍关心的优抚优待、就业创业等主题上线《行动力·一把手专访》《省政府在线访谈》《阳光946党风政风行风热线》等电视广播节目,与退役军人事务部宣传中心联合策划开展"荣光之路""跟着厅(局)长去调研"专题采访报道,权威发布部门信息,及时回应退役军人关切,牢牢守好退役军人宣传工作话语权。

建好自有新媒体平台。自厅成立之初,第一时间搭建了门户网站、微信公众号、微博,及时发布部门信息,解读退役军人有关政策,同时,推出"贵兵文苑"原创栏目,发布退役军人诗歌、散文、原创歌曲等文艺作品160余期,2021年开设省级网上英烈祭扫纪念平台,目前累计参与网上纪念活动90万余人次。为适应短视频传播趋势,2022年开通厅微信视频号、抖音号,陆续推出"优待证使用指南""退役季""老兵宣讲员"等短视频180余个,浏览量累计达800

万人次。特别是，"告别是为了新的出征，祝前程似锦"短视频浏览量突破100万人次。

　　做好主流媒体融合协同。加强向上对接，《中国退役军人》杂志对贵州省"兵支书""兵校长"等工作进行宣传，《万名"兵支书"奋战基层一线》《走通从军营到校园的铸魂育人之路》等文章反响热烈，与退役军人事务部宣传中心联合策划推出"夜读哨所——贵州老兵故事"系列报道6期，参加"清明祭英烈"慢直播、"八一云歌会"、"退役军人招聘行动"等主题宣传活动。与贵州日报报刊社、贵州广播电视台、多彩贵州网等省级主流媒体签订宣传合作协议，持续关注报道贵州退役军人事务工作经验做法，2023年，联合贵州广播电视台推出纪念延安双拥运动80周年特别节目——《党政军领导话双拥》电视访谈节目，获全国广播影视业融合创新奖，联合贵州日报报刊社推出"仁怀'兵+X'高质量发展先行试点建设成果""办好优待证 贵州见行动"系列报道，取得良好反响。

　　2022年7月，贵州省退役军人事务厅工作人员在武警安顺支队拍摄全国双拥模范个人"兵妈妈"杨桂敏相关宣传视频。

抓好上下贯通凝聚合力。建立覆盖省市县三级的退役军人宣传联络员队伍，组织办公室政务培训班，邀请资深记者、业务骨干登台授课，进一步提升宣传工作能力水平。按照"日监测、月分析、年考核"方式加强对各市（州）、县（市、区）退役军人事务部门宣传工作统筹调度，树立全省退役军人工作宣传"一盘棋"思想，持续弘扬主旋律，讲好贵州退役军人故事。近年来，各地涌现了一些好的亮点特色。如，《贵州遵义：多种活动助力退役军人创业创新》得到央视网、央视新闻、中国军视网、国防军事早报等关注，黔南州《山区校园来了一群"兵校长"》得到人民网、央视网、中国国防报等关注。

守正创新，讲好退役军人故事

文 / 马相聪　刘德安

近年来，广西壮族自治区退役军人事务厅坚决贯彻落实《中国共产党宣传工作条例》和《广西壮族自治区贯彻落实〈中国共产党宣传工作条例〉若干措施》要求，坚持守正创新，唱响主旋律，弘扬正能量，讲好退役军人故事，为全区退役军人事业高质量发展聚力赋能，提供坚强思想保证和精神文化支撑。

一、党的理论武装走深走实

把深入学习贯彻习近平新时代中国特色社会主义思想作为首要政治任务，2023年先后召开27次党组会、4次专题读书班暨厅党组理论学习中心组专题研讨会，将习近平总书记最新重要讲话精神作为第一议题，开展新时代文明实践活动，举办17期新时代退役军人事务大讲堂，结合支部"三会一课"和主题党日活动，专题学习党的二十大精神，重点学习习近平总书记对广西重大方略要求，深入学习习近平总书记关于退役军人工作重要论述，深刻领悟"两个确立"的决定性意义，增强"四个意识"、坚定"四个自信"、做到"两个维护"，不断提高政治判断力、政治领悟力、政治执行力，切实把理论武装成果转化为建设新时代中国特色社会主义壮美广西的自觉行动，转化为推动全区退役军人工作高质量发展的强大动力。

二、党对宣传工作的领导不断加强

扎实履行厅党组抓宣传工作主体责任，先后多次召开党组会议，研究部署宣传工作重点任务，分析研判重点问题。根据人员变动情况，及时调整信息宣传和意识形态工作领导小组，统筹年度宣传工作计划，策划重大工作宣传方案，全面加强宣传工作的组织协调和责任落实。加强宣传思想工作制度建设，制定出台《广西壮族自治区退役军人事务厅新闻宣传工作管理办法（试行）》《广西壮族自治区退役军人事务厅领导干部接受新闻媒体采访管理暂行办法》，修订完善《广西壮族自治区退役军人事务厅政务信息工作管理办法》《广西壮族自治区退役军人事务厅信息宣传稿酬管理办法（修订）》等制度，不断提高全区退役军人宣传工作规范化水平。加强宣传工作机构、人员、专业力量建设，动态完善自治区、市、县三级信息宣传

广西退役军人事务厅注重加强新闻宣传人才队伍建设，每年定期组织全区市（县、区）宣传工作人员进行专业化培训。图为通讯员们在某报社参观学习时的场景。

队伍，全区各市县退役军人局、厅机关各处室、各直属单位均安排1名分管领导和1名信息员，构建了全系统宣传工作体系。加大人员培训力度，结合举办各类培训班，组织对全区14个设区市的退役军人事务系统宣传工作骨干开展业务培训，打造一支讲政治、业务精、有情怀、敢担当的高素质宣传工作队伍。

三、传承红色基因广泛深入

2022年，以广西剿匪胜利70周年为契机，启动"为烈士寻亲"活动，重点为在广西剿匪中牺牲的烈士寻找亲人，截至目前，已收集到牺牲烈士信息名单共3181人，初步确定牺牲烈士信息名单共1412人，并为24位广西剿匪牺牲烈士找到亲人，相关工作情况被中央电视台《等着你》栏目录播，引发热烈社会反响。发挥红色资源优势，统筹全系统力量开展"赓续红色血脉 凝聚青年力量"主题团日活动、"传承红色基因 践行初心使命"主题演讲比赛等活动，推进红色精神在八桂大地绿水青山间传播。连续两年策划推出"红色九月"主题宣传，设计"追忆英雄、爱国奋进、关爱烈属、烈士公祭"四个模块内容，通过线上+线下多渠道推送，形成全民参与格局，全网曝光量3100万人次，相关主题内容点击量超2000多万人次，营造了尊崇英烈、传承英烈精神、争做红色传人的浓厚氛围。承办"传承红色基因，强国复兴有我"主题巡回宣讲（广西站）活动，老兵宣讲团成员李春燕、刘兵初参加宣讲活动，讲述了广西退役军人的先进事迹和服务情怀。开展全区首届"听老兵讲故事"活动，组建老兵宣讲团走进全区党政机关和企事业单位，做好主流价值观宣传。印发《关于开展军休干部讲军史主题国防教育宣讲活动的通知》，组织军休干部到院校、中小学校、军营、党政机关、企事业单位进行爱国主义宣讲，全区共开展活动近百场，受众25万多余人。发挥烈士纪念设施爱国主义教育功能，用好自治区烈士陵园、龙州起义纪念馆等20多家退役军人思想政治教育基地，面向来访群众和各类团体开展爱国主义教育，激发爱国之情，砥砺爱国之志。

四、新闻报道工作持续加强

广西壮族自治区退役军人事务系统各级各单位加强与广西日报、广西电视台以及中央广播电视总台、新华社、人民日报、《中国退役军人》杂志等区内外主流媒体交流合作，聚合各方智慧力量推动宣传工作。重点围绕学习宣传贯彻党的二十大精神、乡村振兴、志愿服务、就业创业等工作，有计划、分批次地打造纸媒宣传精品。截至2023年12月，全系统共刊发新闻稿件4500余篇（幅），2022年初策划的"广西在粤退役军人免费返乡专列"主题宣传活动，得到全社会广泛关注，《中国国防报》以《老兵的回乡路："很暖心"》为题在头版头条刊发动态报道，并在第3版整版刊发《今朝回乡路 温暖老兵心——广西开设"在粤退役军人免费返乡专列"背后的故事》长篇纪实通讯，收到良好宣传效果。在广西壮族自治区退役军人事务厅成立五周年之际，与退役军人事务部宣传中心联合推出《中国退役军人——广西增刊》，刊发了一大批广西退役军人工作亮点做法；拍摄制作了《那山那水奏响尊崇赞歌——广西壮族自治区退役军人事务厅五周年纪实》专题片。反映广西退役军人事务系统成立五年来的工作综述报道，《广西：关爱退役军人 续写尊崇荣光》长篇纪实通讯在2023年第23期《人民周刊》杂志发表。《李春燕：离不开的大山舍不下的亲人》等一批退役军人先进典型事迹先后在新华社、人民日报、《中国退役军人》杂志、中国青年报、光明日报、解放军报等主流媒体刊发报道，传播了广西退役军人的正能量，展示了广西退役军人的良好形象。

五、新媒体矩阵建设有声有色

广西壮族自治区退役军人事务厅紧跟时代发展，遵循政务新媒体发展规律，明确政务新媒体定位，以内容建设为根本，全系统联动"一盘棋"，打造"大宣传"工作格局，不断增强"广西退役军人"新媒体平台的传播力和覆盖面。在开设搭建官方网站和微信公众号的基础上，2022年初相继开通"广西退役军人"视频号、抖音号和头条号、百家号等新媒体账号，积极主动融接新媒体平台。"广西退役军人"全媒体平台开设"党史学习教育""学习宣传退役军人保障法""为烈士寻亲""兵心永向党"等多个专题专栏，相继发布党史学习教育、学习宣传退役军人保障法、为烈士寻亲等相关图文、视频2000余条，全网曝光总量超3.6亿次、粉丝总量26.74万，社会影响力不断扩大。

六、意识形态主阵地不断夯实巩固

全面贯彻《党委（党组）意识形态工作责任制实施办法》，修订完善《广西壮族自治区退役军人事务厅移动互联网应用程序和网络工作群管理制度》《自治区退役军人事务厅网站管理制度》和《自治区退役军人事务厅微信公众号管理制度》，厅党组会定期分析意识形态工作责任制，组织观看《历史虚无主义与苏联解体》等宣教片，筑牢全厅干部职工意识形态安全思想防线。加强厅属各类网站等宣传阵地监管，规范互联网应用程序使用，落实网络巡查"零报告""月检测""季普查"制度。强化与网信、国安等职能部门沟通协调，确保退役军人意识形态领域安全稳定。

建机制搭平台　强队伍聚合力
立体构建退役军人宣传工作格局

文 / 赵光明　白杨

山西省退役军人事务厅组建近五年来，坚持以习近平新时代中国特色社会主义思想为指导，认真贯彻落实习近平总书记关于退役军人工作重要论述和习近平总书记关于宣传思想工作的重要思想，把握新形势、新任务，建机制、搭平台，强队伍、聚合力，牢牢占据思想引领、舆论引导、红色传承等意识形态领域制高点，充分发挥新媒体平台宣传教育作用，准确解读有关政策法规，广泛宣扬退役军人先进事迹，积极回应退役军人关心关切，真正让广大退役军人在工作、生活中听得到党的声音，感受到党和政府的关怀，有效汇聚推进全省经济社会发展的退役军人力量，走出了一条具有山西特色的退役军人事务宣传工作之路。

一、健全宣传工作机制

山西省退役军人事务厅构建"横向到底、纵向到边"的"全聚合、多层次"退役军人事务新闻宣传新媒体矩阵。主动适应"微时代"新形势，打造以厅"一网两微"平台为核心层，以市、县（区）两级退役军人事务部门开设的政务新媒体平台为紧密层，以省级其他重点新媒体平台为外围层，强固核心层、扩大紧密层、延伸外围层，分层次、分阶段推进全省退役军人事务系统新媒体矩阵建设。打通退役军人事务领导小组成员单位间的壁垒，集群作战，互融共通，齐声"合唱"，形成舆论共振，延伸宣传触角，壮大宣传声势，实现退役军人事务新闻宣传多媒体呈现、分渠道发布、全方位影响的全媒体传播体系。建立了新闻宣传工作制度，坚持围绕退役军人中心工作，服务退役军人事业发展大局；坚持切合实际，贴近退役军人和其他优抚对象；坚持统筹协调，形成新闻宣传工作合力，出台了《山西省退役军人事务厅新闻宣传工作制度》，从宣传报道、媒体采访、新闻发布、平台建设等几个方面，建立健全山西省退役军人事务厅新闻宣传制度机制，促进新闻宣传工作科学化、制度化发展。建立了全省退役军人事务新闻宣传"媒体联动""记者互动""稿件协动"机制，包括新华社、人民日报、央视国防频道等央媒，山西电视台、山西日报、山西新闻网、黄河新闻网等省媒和各市日报、广播电视台等媒体，确定首批宣传记者29名。建立了以山西省退役军人事务厅微信公众号为核心层，11个市退役军人事务局（中心）微信公众号为紧密层，21个信息直报点微信公众号为外围层的全省退役军人新媒体宣传矩阵。建立了全省11个市、117个县退役军人事务新闻宣传"上下联动""信息报送""学习交流"工作机制，组建了230名信息员协调联络微信群，形成媒体矩阵合力宣传退役军人工作局面。

二、发挥宣传平台作用

秉承"维护军人军属合法权益，让军人成为全社会尊崇的职业"的建设宗旨，突出权威、服务等特点，致力于打造新闻发布的主阵地、政务公开的新平台、服务互动的好窗口，高标准推动厅网站、微博、微信公众号"一网两微"平台建设。夯实基础，完善规章制度。出台《山西省退役军人事务厅网宣平台管理和信息发布制度》，完善日常信息采编、审核和发布流程，建立政策类稿件来源核实核准机制，确保宣传内容真实、全面、客观、公正。出台《山西省退役军人事务厅信息安全保密审查制度》，建立健全保密审查前移制度，确保国家秘密安全，信息安全。丰富内容，拓宽信息搜集渠道。为优化各平台发布内容，省厅制定了约稿制度和考核机制，结合全省退役军人重点工作推进需要，向各市发函约稿，每季度对信息报送和采用情况进行通报，指出存在不足、列出问题清单、督促整改落实。年底，将根据信息报送和采用情况进行考核评比，对工作成绩较好的单位和个人予以表扬。扩大影响，规范日常管理。落实日常巡检制度，与网宣平台管理人员签订网络安全责任书，责任到人、任务到岗，促进平台运行和信息发布科学、安全、规范。目前，山西省退役军人事务厅微信公众号关注量10.2万人，开辟"百问百答""一周工作速览""清廉卡片"等30余个专栏，日均阅读量1.7万人/次，单篇最高阅读量25万+；山西省退役军人事务厅新浪微博关

2022年7月，山西省军队离退休干部休养所举办庆祝中国共产党成立100周年暨"光荣在党50年"纪念章颁发大会。图为现场合照。

注量16.3万人，单篇最高阅读量19.4万；山西省退役军人事务厅官网共分机构、新闻、服务、互动、专栏、视频、政府信息公开七大版块，共有要闻关注、部委动态、省厅信息等16个栏目，日均阅读量2000+，每季度更新信息300余篇。

三、注重打造宣传主题

结合年度重点工作任务，制定年度宣传工作要点，紧扣全省退役军人中心工作，按照"年计划、月专题、周重点"的宣传思路，充分利用政务新媒体矩阵，促进宣传与业务融合，定期谋划、更新、拓展宣传专题或主题，及时展示全省退役军人事务工作亮点特色，延伸宣传触角，强化联合联动，进一步扩大退役军人工作社会影响。突出"庆祝建党一百周年"主题，制作"致敬百年 同心颂党"百岁老兵致敬建党百年短视频，通过十位百岁老兵讲述自己的亲身经历，展现他们对党的无限忠诚和衷心爱戴。新华社客户端、学习强国平台、山西省人民政府微信公众号、山西日报客户端、山西晚报客户端、今日头条、抖音等主流媒体广泛转载播放，社会各界反响良好。突出"纪念英烈"主题，央视《新闻直播间》连续第四年直播报道了山西武乡八路军零散烈士集中安葬墓园举行的代祭扫活动；新华社报道山西武乡县一家五代80年来接力守护祭扫烈士墓的感人故事，短短1天阅读量破百万。突出"退役军人就业创业"主题，参加"军创英雄汇"直播带岗、"军创英雄汇"山西专场退役军人春招行动等活动，晋城、长治、太原、朔州等地军创企业纷纷参加，春招直播带岗观看人数271.8万、当天线上投递简历2587份。突出"服务退役军人"主题，联合山西综合广播开通"老兵服务热线"，组织业务处室走进直播间，就退役安置、优待抚恤、就业创业等，宣讲政策、接听热线、解疑释惑，积极回应退役军人关切。突出"红色文物"主题，拍摄"你的故事"系列短视频，通过10名讲解员的生动解说，从一件红色文物讲述英烈故事，传承英烈精神，在全社会营造了崇尚英雄、学习英雄、关爱英雄的浓厚氛围。该系列视频从八一建军节当天，连续10天在山西广播电视台播放，并被新华社、中新社、人民网、网易新闻、新浪微博、山西日报、山西晚报客户端等主流媒体转载。突出"退役军人思想政治引领"主题，擦亮"最美退役军人"品牌，联合省内各大主流媒体，通过视频展示、人物访谈等形式，充分展现山西省退役军人良好精神风貌，大力营造尊崇先进、学习先进、争当先进浓厚氛围。

唱响"好声音" 助力"高质量"

文 / 李龙 田振岳

河北是革命的土地、英雄的土地，是"新中国从这里走来"的土地，红色资源熠熠生辉，红色血脉代代相传。一直以来，在退役军人事务部和省委省政府的坚强领导下，河北精心精细精准服务、用情用心用力保障，退役军人的获得感、幸福感、荣誉感不断提升，尊崇之光在燕赵大地闪耀绽放。河北高度重视退役军人宣传工作，配齐配强宣传队伍、统筹各类媒体资源、做大做强自身平台，以"重点工作事事有反映、重大活动处处有声音、上级平台常态有河北，本级平台日常有更新"为目标，借力借势、主动作为，不断唱响河北退役军人"好声音"，有效助力了河北退役军人工作高质量发展。

一、夯实工作基础，宣传"有团队"

成立河北省退役军人事务厅宣传工作领导小组及其办公室，每年年初制定印发本年度宣传工作方案，梳理宣传工作要点，明确工作要求和任务分工。定期研究谋划意识形态和宣传思想工作，主要领导亲自部署、亲自点题，厅长撰写的多篇署名文章，在部省多个媒体平台刊发。建立覆盖全系统的新闻宣传骨干队伍，选拔政治立场坚定、组织策划能力强、热爱新闻宣传工作且有一定工作经验的干部职工负责新闻宣传工作，构建起省市县三级新闻宣传骨干网络，组建了近500人的通讯员队伍。建立专门微信群，分享交流先进经验和媒体刊发稿件，加强宣传工作统筹调度，上下齐心、同频共振，树牢"一盘棋"思想，构建"大宣传"格局。组织宣传工作专题调研，学习借鉴退役军人事务部和兄弟省份好的经验做法。组织评选全省退役军人宣传工作先进单位和先进个人，以省厅名义印发表扬通报，不断激发各级宣传人员的工作热情。

二、强化媒体协调，宣传"有渠道"

积极争取协调部办公厅、部宣传中心、省委宣传部等对河北退役军人宣传工作的指导支持。每年年初举行新闻媒体见面会，邀请驻冀央媒和省主流媒体研究交流退役军人宣传工作，共同谋划、形成合力。充分借力《中国退役军人》杂志和部官网、官微、快手号、抖音号、学习强国号、今日头条号等部办宣传平台，积极撰稿投稿，做好河北省退役军人亮点工作的宣传报道。先后与河北电视台、长城新媒体、河北日报等省级主流媒体签订战略合作协议，建立健全"条口"记者常态化联络机制，及时提供新闻素材、加强新闻宣传协同。近几年，全省退役军人事务系统在国家级、省级主流媒体发表稿件数量逐年增加。2023年以来，与退役军人事务部宣传中心联合开展"河北高质量发展调研行"，参加"清明祭英烈""接迎志愿军烈士遗骸回国""军创英雄汇·退役军人招聘行动河北专场"等线上直播活动，在部属媒体矩阵平台刊发了《燕赵大地双拥热》《河北：摸实情 听需求 谋对策》等一系列稿件，形成了全面、生动的宣传声势，扩大了河北退役军人工作声量。

三、建好媒体矩阵，宣传"有平台"

顺应全媒体时代要求，为确保"电视有画面、电台有声音、报刊有文章、网络有信息、手机有推送"的宣传效果，加强退役军人事务系统媒体矩阵建设，设区市退役军人事务部门至少开通一种政务新媒体平台，认真做好运营、维护和管理。河北省退役军人事务厅本级在开通官方网站、官方微信公众号的基础上，开通了官方抖音号和腾讯视频号；各市县退役军人事务系统共开通公众号、视频号、微博等新媒体账号220个，形成全方位、多层次、多声部的宣传矩阵。全省开展的重点工作、组织的重大活动，在全省退役军人事务系统矩阵平台同步发布、联动宣传，形成声势、扩大影响。2023年"八一"前夕，《中国退役军人》杂志对河北拥军优抚和就业创业工作予以专题报道，系统内矩阵平台和多家主流媒体转载，仅河北"冀云"新闻门户网站一家媒体的浏览点击量就达100多万人次。2023年度河北省"最美退役军人""最美双拥人物""最美军嫂"的发布活动，利用"冀时"客户端开通网络直播，相关视频和图文被全省退役军人事务系统媒体矩阵平台广泛转载，在线收看和回看人数超过1350万人次。

2023年1月，"戎耀·先锋——河北省退役军人奋进新征程风采赞"主题活动现场

四、开展典型培树，宣传"有重点"

坚持把典型引领作为退役军人宣传工作的重点，在深入调查研究的基础上有计划、有重点地推出退役军人先进典型。2018年以来，吴洪甫、沈汝波、范振喜、石炳奇、赵凤全、张志旺、刘山国7名同志先后入选"全国最美退役军人"；2020年，王爱英、曲纪双入选"全国爱国拥军模范"；2023年，田俊岭入选"全国最美拥军人物"。河北省退役军人事务厅和各市均组建了"老兵宣讲团"，深入机关、企事业单位、学校、社区，面向社会、面向群众宣讲退役军人典型事迹。近几年，先后开展了优秀退役军人"兵支书"事迹展播、河北省"千名优秀退役军人"风采宣传活动、"奋进新征程 建功新时代——河北省退役军人投身乡村振兴当先锋"主题实践活动，总点击量超3亿人次。2023年，联合河北广播电视台"冀时"客户端、长城新媒体"冀云"客户端开设"河北省优秀退役军人事迹展播——每日一星"和"河北省退役军人创业风采——每日一展"专栏，与河北省退役军人事务厅官网、官微同步发布211期专栏稿件，总点击量超1.5亿人次。2023年6月，河北省为"英雄航天员"蔡旭哲家庭送喜报，协调全国各级各类媒体予以广泛宣传，人民日报、新华社、中央电视台、解放军报等主流媒体刊发原创报道40多篇，在线阅读和观看人数超2000万人次。利用爱国主义教育资源和红色纪念设施，宣讲革命英烈的英雄事迹和家国情怀，成功承办全国英烈讲解员大赛决赛，不断唱响主旋律、凝聚正能量。

五、聚焦中心工作，宣传"有品牌"

始终坚持把"聚焦中心工作、服务工作重点、促进工作发展"作为宣传工作着力点。在全省退役军人事务系统持续开展"创新工作擂台赛"活动和"最美退役军人""最美双拥人物""最美军嫂"选树宣传活动，持续制作"我是老兵——河北省退役军人志愿者风采海报"，打造了一系列具有河北特色的退役军人工作品牌。河北省出台退役军人保障条例，多层次、多渠道、多形式予以宣传，4万余人参与《条例》网上知识竞赛答题活动。坚持把就业创业作为退役军人工作的"一号工程"大力推进，在河北省退役军人事务厅官网先后开设"就业创业政策微动漫展播""就业创业视频课件""就业创业导师大讲堂"等宣传专栏，以"戎归燕赵·就业在冀"为主题，利用"河北省退役军人招聘平台"常态化开展"直播带岗"活动，开通了退役军人"就业直通车"。每到退役季，以"荣归燕赵·再创辉煌"为主题，全省上下组织开展退役返乡欢迎仪式，营造了浓厚的尊崇氛围。与河北电视台联合策划主题活动，打造精品、提升品牌。2021年，举办"信仰的力量——英烈家书朗诵会"主题活动，朗诵会选取李大钊、董振堂、左权等九位英烈的家书，邀请烈士后人和朗诵艺术家诵读其中的经典段落，由烈士后代和党史专家对英烈事迹、家书内容、历史背景进行现场解读。2022年，举办"荣光·榜样——河北省退役军人建功新时代风采颂"主题活动，选取50多名事迹突出的典型人物，通过情景再现、沉浸式讲述、大型歌舞表演等形式，讲述他们的故事及其背后荡气回肠的真实印记与时代精神。2023年，举办"戎耀·先锋——河北省退役军人奋进新征程风采赞"主题活动，紧紧围绕雄安新区建设、京津冀协同发展、乡村振兴、科技创新等大事要事，从不同维度讲述退役军人故事，展现他们为国为民、牺牲奉献的价值追求，展现他们锐意进取、拼搏奋进的时代风采。以上品牌活动，扩大了宣传影响力，为全省退役军人工作高质量发展营造了良好舆论氛围。

完善机构　拓展平台　注重活动引领
全面构建吉林退役军人宣传工作大格局

文 / 赵建龙

退役军人宣传工作既是党的宣传工作的组成部分，也是退役军人工作的组成部分。做好退役军人宣传工作，是广大退役军人工作者义不容辞的重要职责，对于贯彻党中央决策部署和习近平总书记重要指示精神，传递党和政府对广大退役军人和其他优抚对象的关心关爱，促进退役军人系统工作者勤奋工作、奋发有为，激励广大退役军人再立新功、再创佳绩，在全社会形成拥军优属、拥政爱民的良好氛围，推动退役军人事业高质量发展，都具有重要意义。吉林省退役军人事务厅自组建以来，认真贯彻落实习近平强军思想、习近平文化思想和习近平总书记关于退役军人工作重要论述，在退役军人事务部的正确领导和部宣传中心的指导下，以全省退役军人"1123"工作思路为引领，通过采取组建完善宣传工作机构，建立完善宣传工作机制，做大做强宣传骨干队伍，丰富拓展宣传工作平台，注重发挥重大活动引领作用等方式，构建了吉林退役军人宣传工作一体化大格局，推动了全省退役军人宣传工作高质量发展。重点宣传的老兵徐振明被中央宣传部授予"时代楷模"称号，老兵侯锋、于文明等吉林省3名优秀退役军人荣登2024年第一季度"中国好人榜"，老兵王琦被列入第九届全国"道德模范"候选人。

一、完善机构，壮大队伍，健全机制，不断夯实吉林退役军人宣传工作根基

完善的组织机构是做好宣传工作的前提，专业的骨干队伍是做好宣传工作的保障，健全的机制是做好宣传工作的根基。一是建立两级宣传工作机构。2019年6月，吉林省退役军人事务厅成立新闻宣传处。2020年1月又成立省退役军人宣传中心。截至目前，厅宣传处、宣传中心实有专职宣传工作人员11人。两级宣传机构既各司其职，又整体联动，构建了互联共享、顺畅高效的宣传工作机构。二是壮大五级宣传骨干队伍。在省、市、县三级退役军人事务部门组建专职宣传骨干队伍，在街道（乡镇）、村（社区）组建两级兼职宣传骨干队伍。下发《关于组建退役军人志愿开展退役军人宣传工作意见》，组织宣传志愿者等社会力量加入宣传队伍。截至目前，共组建专兼职宣传骨干队伍120余支160余人，招募宣传志愿者360余人。三是不断提升宣传骨干专业水平。吉林省退役军人事务厅每年底举办宣传工作会议暨宣传骨干培训班，通报表扬年度表现突出宣传工作单位和个人，邀请中央和省级媒体资深编辑、记者面对面授课。每年联合省新闻工作者协会组织开展吉林退役军人工作"好新闻"评选活动，每两年编印新闻作品集赠予各级宣传报道骨干交流学习。截至目前，吉林省退役军人事务厅共举办宣传工作会议暨宣传骨干培训班5期，培训学员650余人次，邀请30余位中央和省级媒体同志进行授课，连续5年评选退役军人"好新闻"320余篇。

二、搭建平台，拓宽载体，不断强化吉林退役军人宣传工作推动力

积极顺应全媒体时代潮流，加快媒体平台建设，努力打造全方

位、多层次、宽领域宣传平台，实现了电视有画面、电台有声音、报刊有文章、网络有信息、手机有推送的宣传效果，进一步提升了退役军人宣传工作影响力。搭建宣传工作平台。在做好厅官方网站、微信公众号维护的同时，在人民网、新华网、开设"吉林退役军人"专栏，在《吉林日报》设立"吉林退役军人风采"专版，在今日头条号开设吉林退役军人专题号，在抖音平台开设"吉林老兵风采"专栏，2020年创办《吉林退役军人》杂志，至今连续编印5年31期。截至目前，共在中央和省级主流媒体开设专栏5个，累计刊发各类稿件1.3万余篇（条），网络浏览、点赞、留言、转载量累计超过450万次。建立融媒体共享平台。省、市、县三级退役军人事务工作部门依托当地主流媒体和县（市、区）融媒体宣传中心建立72个宣传信息共享平台，将72家县（市、区）融媒体宣传中心对口记者变成退役军人宣传工作报道骨干，实现了资源通融、宣传互融、内容交融。特别是烈士纪念日、退役军人招聘会等重大活动期间，各级融媒体中心平台实现了一次采集、多媒体呈现、分渠道发布、全方位影响的目的，成为做好退役军人宣传工作重要力量。依托各级融媒体传播中心刊发退役军人工作稿件5100余篇（条）。

三、活动引领，统筹推进，不断强化吉林退役军人宣传工作影响力

大主题宣传活动是推动退役军人宣传工作高质量发展的牵引力，更是深化和拓展退役军人宣传工作的内在推动力。一是重大活动引领提升宣传工作层次。以"情系最可爱的人"、"贯彻1123"工作思路、"蹲点调研帮建指导"等吉林省退役军人事务厅党组部署开展的重大活动为引领，组织报道骨干深入一线采写各类宣传稿件，在

《人民日报》头版、新华社、中央人民广播电视总台、《解放军报》《中国国防报》等各大媒体刊发《尊崇之光耀吉林——吉林省关爱退役军人工作纪实》《吉林退役军人：用赤诚回报赢得尊崇》等通讯稿件60余篇（条），进一步提升了吉林省退役军人宣传工作整体水平和层次。二是特色活动引领扩大宣传工作影响力。吉林省退役军人事务部门以"吉林好人·最美退役军人""最美兵支书"评选发布等富有退役军人系统特色的活动为牵引，在候选人推荐、评审、发布、事迹宣传等各个环节、过程中，精心策划、全程报道，用"最美"特色活动助推退役军人宣传工作深入开展。联合吉林省委宣传部等部门组织开展"最美退役军人""吉林楷模"集中采访12次，刊发各类报道560余篇（条）。三是文化活动丰富宣传工作内涵。组建省关爱退役军人文学艺术联合会，下设书法、摄影、美术等5个专业委员会，连续5年联合省委宣传部、省文联等部门开展"兵心永向党"文艺作品征集展出活动，累计征集收藏退役军人文化作品3万余件。组织关爱退役军人文联12次到部队和老兵家中开展采风。连续5年联合省委宣传部等部门在省图书馆举办文艺作品展，5年来累计到现场参观群众达80万余人。

四、突出特色，营造氛围，不断强化吉林退役军人宣传工作引导力

发挥吉林退役军人系统优势资源，注重强化舆论引导，在全社会营造浓厚关爱退役军人氛围，为退役军人工作营造良好舆论环境。一是依托重大典型培树活动树立鲜明旗帜。以"全国最美退役军人"、"中国好人"、"吉林楷模"王琦等重大典型为宣传重点，联合省委宣传部、省残联、省文联、长春市委宣传部，共同为重大典型

量身制定宣传方案，12次组织媒体记者和文艺工作者对重大典型事迹进行采访报道和文艺采风创作，在各级媒体刊发稿件520余篇，创作和展出各类艺术作品800余件，组织重大典型人物到校园、部队开展事迹报告8次。二是依托品牌活动发挥正向引导作用。以连续5年组织开展的"寻访老兵足迹，讲好英雄故事，传承红色精神"主题宣传文化活动为引领，每年组织由中央和省级主流媒体记者组成的采访组到全省各地进行为期一个月集中采访，"八一"期间进行为期一个月的集中宣传活动。形成了中央、省、市、县四级主流媒体和抖音、今日头条等新媒体全方位、多角度、立体化宣传大格局。截至目前，《人民日报》、新华社、中央广播电视总台、《吉林日报》、吉林广播电视台等30余家媒体参与主题宣传活动，累计在《人民日报》《解放军报》头版或"要闻"版刊发《让老兵的英雄故事家喻户晓》《每个老兵都是一面旗帜——致敬最可爱的人》等系列报道1200

老兵朱崇尧为战士们讲述老照片背后的故事。

余篇（条），在《中国国防报》《吉林日报》累计刊发33个专版，《老百姓的兵儿子》等55件作品在全国退役军人事务系统"老兵永远跟党走"等各类评选活动中获奖。三是依托新媒体共建网上网下最大"同心圆"。建立包括抖音、今日头条等8类新媒体平台账号。联合省委网信办在新媒体平台组织开展"喜迎党的二十大""喜迎新中国成立75周年"第一、二届唱响退役军人工作最强音网络正能量作品创作大赛，评选各类优秀作品220余件，在厅官方网站和微信公众号进行刊发，点击量超过80余万次，弘扬了主旋律，激发了退役军人正能量，团结凝聚社会各界尊崇军人职业、尊重关爱退役军人最大"同心圆"。

大事记

2021年

· 2月7日，退役军人事务部宣传中心正式成立。孙绍骋同志出席退役军人事务部宣传中心挂牌仪式并揭牌。钱锋同志主持。方永祥、朱天舒、常正国同志出席。

· 2月，加勒万河谷卫国戍边英雄事迹在全社会引发强烈反响，宣传中心主动策划"卫国戍边英雄官兵"专题，采访相关司局和省厅负责人，就4位戍边烈士遗属优待抚恤情况发布独家报道，文章在中国退役军人公众号、退役军人事务部官方公众号首发后，两天全网访问量突破6亿人次，点赞量超2000万次。

· 2—3月，为纪念时代楷模、全国爱国拥军模范、退役军人拉齐尼·巴依卡，推出"时代楷模拉齐尼·巴依卡"特稿，在《中国退役军人》杂志和中国退役军人公众号刊发。

· 为庆祝中国共产党成立100周年，《中国退役军人》杂志第3期起开设"奋斗百年路、启航新征程"专栏，围绕爱党爱国爱社会主义主题，大力宣传退役军人一朝戎装在身、红心永远向党的良好风貌，宣传退役军人在改革重塑中砥砺奋进取得的丰硕成果。

· 清明节前夕，配合部内烈士寻亲工作推出"国家行动：1097位烈士回家之路"组稿，介绍退役军人事务部运用大数据、互联网技术，开展烈士纪念设施数据采集，为烈士铺平回"家"之路的工作情况。

· 4月，退役军人事务部宣传中心推出大型融媒体采访"荣光之路"，全方位立体展现各地涌现的先进经验，讲好退役军人故事，推动退役军人工作高质量发展，彰显全社会对军人职业的尊崇、对退役军人的尊重，让军人军属和退役军人共沐荣耀之光。

·《中国退役军人》杂志2021年第4期开设"学党史 悟思想 办实事 开新局"专栏，扎实开展党史学习教育，激励和动员退役军人事务系统和广大退役军人从党的百年奋斗历程、伟大成就中汲取智慧和力量。

· 4月，所谓网络"大V"罗某平公然发表诋毁抗美援朝出国作战、侮辱志愿军英烈的言论，退役军人事务部宣传中心第一时间发表《诋毁贬损英烈法律不容宽恕》系列评论文章，表明观点引导舆论，彰显社会责任和担当。

· 7月20日，中国退役军人全媒体记者独家探访首批6所军休老年大学，了解军休老年大学建设情况，积极宣传军休老年大学作为军休干部思政引领新高地、精神文化新家园、作用发挥新平台的成效。

· 7月，宣传中心推出《中国退役军人》杂志"建党百年"特刊，向百年大党献礼致敬。

· 7月27日上午，退役军人事务部举行新闻发布会，"中国退役军人"新媒体矩阵首次进行全程视频直播。

· 8月，受退役军人事务部办公厅委托，宣传中心负责部官方网站的规划发展和内容运维。

· 8月，初步构建起以"中国退役军人"为主打品牌的全媒体矩阵，同名账号正式入驻微信公众号、视频号、抖音、快手、学习强国、央视频、新华号、人民号、澎湃新闻、今日头条、哔哩哔哩、知乎、喜马拉雅全网共13个平台，实现内容多平台、多渠道分发。

· 9月1日上午，退役军人事务部宣传中心联合沈阳抗美援朝烈士陵园发起"英雄·归来"线下活动。

· 9月2日，为迎接第八批在韩中国人民志愿军烈士遗骸归国，宣传中心推出"英雄·归来"系列主题宣传活动，全程记录英雄的回家之路。

· 9月27日，空军退役军人工作军地座谈交流会在广东召开，多名军地嘉宾代表交流发言。

· 9月，宣传中心正式上线杂志订阅发行ERP软件，通过可视化、便捷化人机交互，实现平台与用户的直接交流，后台大数据随时管控。

· 11月27—28日，退役军人事务部宣传中心联合部分地区退役军人事务部门，依托快手短视频助力乡村振兴公益计划，共同举办"军创英雄汇"全国退役军人创业产品专场公益推介活动，切实推进退役军人事务系统"我为群众办实事"实践活动，搭建退役军人就业创业帮扶平台。

· 12月22日，全国退役军人事务厅（局）长会议在京召开。宣传中心在退役军人事务部门户网站、《中国退役军人》杂志、"中国退役军人"全媒体矩阵等展开全面报道。

2022年

· 1月，宣传中心联合国家乡村振兴局中国扶贫发展中心、济南市委宣传部等单位摄制出品电视连续剧《老兵荣耀》。

· 2月7日下午，退役军人事务部宣传中心举行成立一周年活动，部党组成员、副部长钱锋出席并致辞。办公厅负责同志及宣传中心全体人员参加活动。

· 2月26日，退役军人事务部宣传中心联合多家单位共同发起的"荣光行动"宣传联盟在北京正式启动。马飞雄同志出席启动仪式并致辞。

· 4月11日起，宣传中心联合各地退役军人事务部门，于每周一19时定时推出"军创英雄汇"退役军人春招行动系列直播活动。

· 6月20日，退役军人事务部宣传中心主办的2022"军创英雄汇"退役军人春招行动收官暨总结座谈会在京举行。马飞雄同志出席并讲话。

· 7月13—14日，退役军人事务部宣传中心2022年通讯员培训班在重庆举办。

· 7月31日晚8点01分，为庆祝中国人民解放军建军95周年，退役军人事务部宣传中心联合各地退役军人事务厅（局）、多支现役部队、各大高校、百余家单位及媒体平台共同推出"军魂永不褪色——庆祝中国人民解放军建军95周年战友云歌会"直播活动。

· 为庆祝中国人民解放军建军95周年，宣传中心《中国退役军人》杂志第8期推出"双拥特刊"，全面呈现拥军优属、拥政爱民的新时代画卷。

· 8月，与快手联合策划推出"尊崇军人、关爱军属、致敬老兵"主题中秋礼盒，联动近百位现役军人子女进行绘画作品展示、拍摄多条原创致敬主题短视频，在互联网大厂引起热议。

· 9月，为迎接第九批在韩中国人民志愿军烈士遗骸归国，宣传中心推出"山河锦绣 英雄归来"系列主题宣传活动，相关话题全网阅读量突破35亿，受到中宣部《新闻阅评》和中央网信办肯定表扬。

· 11月11日，退役军人事务部党组书记、部长裴金佳赴宣传中心调研。其间，他实地察看宣传中心工作场所，看望慰问干部职工，主持召开座谈会并听取学习宣传贯彻党的二十大精神和党建、业务工作情况汇报，对下一步深入学习宣传贯彻党的二十大精神、扎实推进各项工作提出要求。

· 12月，为深入学习宣传贯彻党的二十大精神，《中国退役军人》杂志推出"二十大精神在基层"专栏，展示广大退役军人和基层退役军人工作者在党的二十大精神指引下，为实现中华民族伟大复兴的中国梦而努力奋斗的昂扬风貌。

2023年

· 1月6日下午，全国退役军人事务厅（局）长会议在京召开。宣传中心第一时间通过"中国退役军人"全媒体矩阵跟踪报道，并在《中国退役军人》杂志推出相关专题。

· 2月24日，《新时代中国双拥》专刊研讨会在京召开，围绕"做好新时代双拥宣传工作、推动专刊高质量发展"展开讨论。马飞雄同志向军地代表赠送《新时代中国双拥》专刊并讲话。

· 3月20日，为全面贯彻落实党的二十大精神和党中央关于大兴调查研究的决策部署，宣传中心派出全媒体报道组直奔基层一线，推出"高质量发展调研行"报道，关注各地退役军人工作高质量发展中的经验做法。

· 3月30日，首届全国退役军人创业创新成果展交会上，退役军人事务部宣传中心专门设立直播间，并首次在活动中举办"军创英雄汇"全国退役军人创业创新发展圆桌会。

· 4月14日上午，退役军人事务部举行新闻发布会，介绍退役军人事务部成立5年来在各方面的工作成绩和下一步工作安排。宣传中心在《中国退役军人》杂志策划"一起看5年"专栏，聚焦五年来退役军人工作奠基启新，取得的历史性成就。

· 5月17日，"你好，双拥模范城"全媒体宣传活动启动仪式在太原举行。马飞雄同志出席仪式并致辞。

· 6月29日，经中华全国新闻工作者协会第十届理事会第四次主席会议审议批准，宣传中心加入中国记协，成为团体会员。

· 7月28日，全国军队离退休干部歌唱风采展示活动颁奖仪式在京举行。裴金佳同志、马飞雄同志出席仪式并为获奖代表颁奖。此次活动历时1个多月，全国83支军休干部代表队踊跃参加，40部作品脱颖而出。

· 7月30日晚，由退役军人事务部宣传中心，宁夏吴忠市委、市人民政府、吴忠军分区联合主办的"你好，双拥模范城"全媒体宣传活动在吴忠市举办。

· 7月31日，退役军人事务部宣传中心主办"深夜不EMO战友燃歌会"大型活动，人民日报、新华社、人民网等150家主流媒体、政务和商业平台参与本次直播活动，活动全网总曝光量达1200余万。

· 9月19日，由退役军人事务部宣传中心主办、江苏省退役军人事务厅协办、镇江市退役军人事务局承办的"军创英雄汇"退役军人企业家圆桌会镇江专场举行。

· 9月24日，"网聚崇军正能量 抒写时代新华章"首届退役军人事务领域网络正能量人士圆桌派活动在宁夏银川成功举办。退役军人事务部党组成员、副部长马飞雄，宁夏回族自治区副主席刘军出席活动并致辞。

· 9月26—27日，2023年《中国退役军人》杂志通讯员培训班在海南文昌举办。培训班邀请军地有关专家进行辅导授课，宣传中心各业务处室有关负责同志就新闻采编、新媒体运营、学刊用刊等与参训学员分享交流。

· 10月16—20日，全国退役军人教育培训和新闻宣传培训班在陕西延安举办。培训班围绕如何抓好退役军人教育培训和新闻宣传等工作，精心组织课程、认真开展研讨，研究破解重难点问题的思路举措，着力提升理论素养和业务水平。

· 11月23—24日，第十批在韩中国人民志愿军烈士遗骸归国，宣传中心推出"山川同念 英雄回家"70小时不间断主题直播活动，观看量破亿人次。"中国退役军人"全媒体矩阵总阅读（播放）量达4.73亿次，话题总浏览量超27亿次，全平台超30次登上热搜榜单。《中国退役军人》杂志同步推出"山川同念 英雄回家"专栏，多视角、全面展现多年来在韩志愿军烈士遗骸归国工作的亮点成效。

· 12月11日，为纪念抗美援朝战争胜利70周年，《英雄赞歌》"英雄城市致敬英雄"主题宣传活动在辽宁大剧院隆重举行。马飞雄同志出席现场活动。

· 12月25日，由中央网信办主办的2023中国正能量网络精品征集展播活动启动，宣传中心四件作品入围。同时，宣传中心被中央网信办邀请成为正能量网络精品专家评审单位。

后　记

　　自2018年4月我国退役军人事务行政机构体系建立以来，特别是2021年2月退役军人事务部宣传中心成立以来，退役军人宣传工作迅速实现实体化、制度化、系统化运行，在重构重塑中破局开新，在党和国家宣传思想工作守正创新的大舞台上闪亮登场，以亮点纷呈、有声有色、出新出彩的生动实践，推动退役军人宣传工作迈入高质量发展的新阶段。拼搏的实践、探索的实践、创新的实践，为退役军人宣传工作持续转型升级、加速高质量发展创造出坚实基础和强烈的自觉自信。面对新时代新征程形势任务的驱动和牵引，继续形成新优势、迈上新境界，也需要对过往实践进行系统总结。

　　为此，退役军人事务部宣传中心于2022年将"新时代退役军人宣传工作高质量发展"列为课题，面向全国理论战线进行公开招标。经过多家团队的竞争，最终由国防大学政治学院李习文教授牵头组织的"解放军代表队"成功揭榜，展开了紧张的研究工作。在部宣传中心紧密跟进指导下，课题研究以习近平总书记关于退役军人工作重要论述和关于宣传思想文化工作重要论述为指导，梳理总结退役军人事务部成立以来奠基启新、布局开拓、创新发展宣传工作的实践经验和典型案例，从时代要求、现状特点、问题矛盾、议题设置、媒体运用、机制创新和国外启示借鉴等维度，对新时代新征程推进退役军人宣传工作高质量发展的目标、路径、标准等重大理论和实践问题进行了深刻揭示和系统论述。国防大学政治学院李习文教授、武吉云副教授、苏阳副教授、张雨讲师、税潇宇讲师、梅志峰讲师，海军指挥学院汪丽副教授、战略支援部队某部储文娟讲师作为成员，撰写完成了课题报告。

这期间，退役军人事务部宣传中心傅雪柳主任、倪光辉副主任全程密切关注课题研究进展，及时进行科学、有力的指导，为课题研究把关定向并提供强有力的支持。赵晨冉、齐歌夷作为课题秘书，在协调上下、信息沟通、资料保障等方面发挥了突出作用。

为了更有针对性和指导性，及时总结退役军人宣传工作的探索，在相关领导和专家的大力支持下，退役军人事务部宣传中心在课题报告的基础上，调整方向、重启研究、分析案例，以宣传中心三年建设发展历程为主线，以讲好中国退役军人故事的创新实践为主题，为退役军人事务系统这些年的不平凡奋斗撰写一部记录发展历程的信史。

此间，山东、江苏、浙江、上海、安徽等省（市）退役军人事务厅（局）同志多次接受课题组线上调研咨询，22个省（市）退役军人事务厅（局）为本书的编撰提供了优秀宣传案例，立体展示了从中央到各地的生动实践，在此对相关同志一并表示感谢。

一切过往，皆是序章。希望这本《讲好中国退役军人故事的创新与实践》，能够进入新时代退役军人宣传工作高质量发展的"工具箱""武器库"，为这一充满光荣与梦想的奋斗历程提供温暖的助力。同时借此书出版，向每一位奔跑在退役军人宣传工作新征程上的奋斗者、追梦人，致以崇高的敬意！